COSMIC
GARDEN
VISION INFINITY

The Portal to Cosmic Consciousness

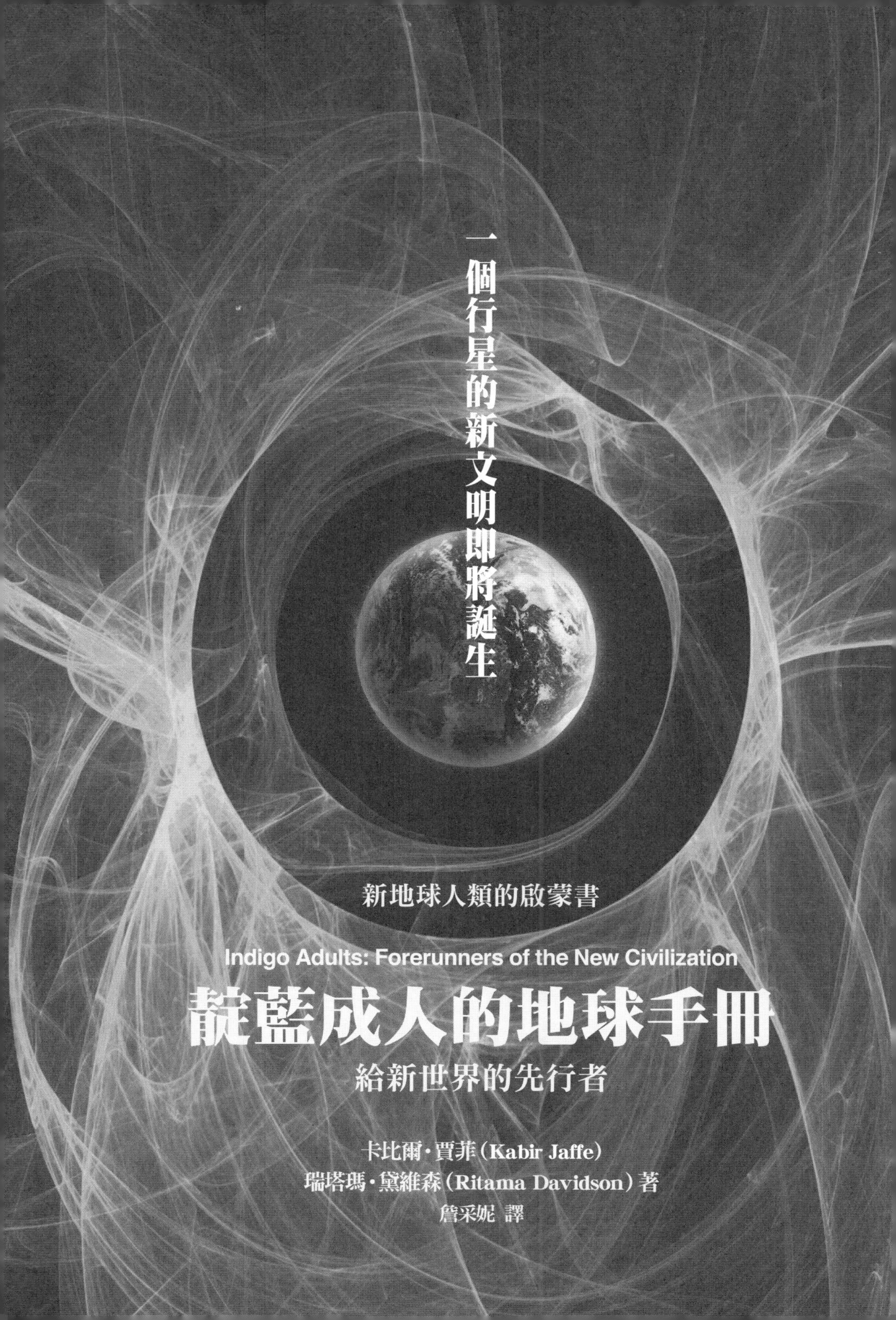

一個行星的新文明即將誕生

新地球人類的啟蒙書

Indigo Adults: Forerunners of the New Civilization

靛藍成人的地球手冊

給新世界的先行者

卡比爾·賈菲（Kabir Jaffe）
瑞塔瑪·黛維森（Ritama Davidson）著
詹采妮 譯

園丁的話

我想提醒和強調，本書的目的不是對人類進行任何標籤化。

如果你認為或相信自己是帶有靛藍精神的靈魂，請勇敢發揮你天生追求正直公理的精神，才不負來此的目的。

就算不是靛藍靈魂，也只是表示你這世的人生藍圖較偏重個人發展。

這書雖是為靛藍成人而寫，但不是要把靛藍靈魂崇高化。要強調自己或誰是不是靛藍靈魂，並非本書的意義，請不要劃錯重點。就像《地球守護者》，重點不在組成外星聯誼和標榜自己的不同，而是書裡傳遞的諸多靈性訊息，以及我們是否知行合一。在這裡的外星人不會跟你說他是外星人，也不需要。而真正的「地球新血」也知道既然來此就沒有強調或區分的必要，那純粹是小我的把戲。

回到主題。靛藍靈魂來此披荊斬棘，是為新世界奠定基礎。來這裡是要捲起袖子做事，不是大聲嚷嚷自己的獨特，深恐他人不知。而不論你是不是靛藍成人，你仍然是特別的，沒有理由因此不愛或少愛自己一點。

每個靈魂不論帶有什麼特質，不論帶著哪個脈輪的顏色，都是特別的。在這裡的每個靈魂都是帶著目標而來，只是選擇努力和發揮的面向不同。有的決定在家庭層面，有的在整體人類，有的是個人，說來只是目標規模的大小，如此而已。

喜歡書裡說的，「也許你改善世界的方法很簡單：不傷害他人，或幫助大家變得快樂一點」，我相信這是每個人都能做到的，所以不論是不是散發強烈靛藍光芒的靈魂，你都能幫助改善這個世界。而說來諷刺，台灣和對岸有些自認是光行者或對靈性資料有興趣的人，卻會將自身惡霸意志強加在他人意願之上。比如說，做出剽竊侵權的不光榮事。我還是要表明立場，這在法律上是違法，在靈性上是倒退。若連基本尊重與誠實都做不到，奢談提升振頻。

如果你覺得你是靛藍成人，希望這本書提供了支持的力量，協助你忠於本質，為這世界帶來建設性的新思維和正面的改變。認知到靛藍靈魂代表的是一種正直、創新和改革的精神，認知到真誠和充滿理想色彩的靛藍靈魂難免經驗到比一般人更多的挫折與內心掙扎，然後全心接受自己，繼續勇於革新。（這跟為反對而反對，為叛逆而叛逆是兩回事。）

切莫只把靛藍靈魂這四字當成與眾不同的名詞或裝飾品，請從行為證明自己是一股協助這個社會朝更公義更真誠的方向發展的新能量與動力，方不負你的靛藍使命。

獻給新人類

我想讓你知道，你的書幫了我多大的忙。

它給了我歸屬、理解、寬恕和被接納的感覺。我深表感激。

——可琳娜・哈迪達（Karina Hadida）

目錄

作者謝辭

我們要感謝所有幫助我們使這本書得以出版的人。

感謝我們的父母，他們在協助我們與自己的靛藍本質的連結上，做了出色的工作。

感謝參與我們訓練課程的學員，他們教了我們最多關於靛藍靈魂的事。

感謝我們在德國中心的團隊，他們提供的支援系統讓這些談話得以發生。

感謝瑞科塔・芭特勒（Rikta Butler）的鼓勵、構思和筆錄這些談話。

感謝索蘭吉・迪・瑪莉妮亞克（Solange de Marignac）在幫忙製作這本書時所提供的協助。

感謝在製作這本書的過程中給予我們意見的許多朋友。

還要特別感謝我們在阿根廷的團隊，他們熱心地以西班牙文製作出這本書的第一個版本。

序

一種新型態的人類目前正投身地球，他們幾乎是人類「下一個階段」的進展。這些人對未來充滿希望，而且預告了新人類和新文明的來臨。他們帶有不同的能量、典型、思考方式和感受。這些新人類被稱為「靛藍靈魂」，因為有靈視力的人注意到靛藍色在他們的氣場中異常突出。靛藍色是眉心輪（第三眼位置）呈現的顏色；這些靈魂的眉心輪中心具有高度活動力。儘管我們可以輕易地稱呼這些靈魂是「新靈魂」、「寶瓶靈魂」或其他目前使用的名稱，但我們認為「靛藍」指出了他們在能量和心理構造方面的根本差異。

我們的工作是在世界各地帶領有關自我發展的研討會，在會中我們遇過數以千計的靛藍靈魂。他們多數都已成年，卻很少知道自己是靛藍靈魂或瞭解自己的靈魂本質。許多人因為與眾不同而吃盡苦頭。他們經常感覺孤單、疏離或遭到誤解。他們在感覺和思考方面的深度與旁人不同。他們通常不瞭解自己擁有強大的內在能量、智慧和情感，因而感到難以應付。他們異常敏感，這使他們比較容易被不會干擾他人的事物弄得心神不寧。他們懷有抱負和夢想，這使他們對生命有更多渴望，並對世間現狀感到不滿。他們時常感覺受限，對周遭被認為「正常」的世界則是心灰意冷。

如果以上描述說的是你，那麼你很可能是靛藍靈魂。這本書包含了身爲「靛藍成人」的我們，掙扎於本質、與他人共事時所得到的理解和發現。我們希望這些資料對你而言，能像它對我們一樣地有價值，同時幫助你更清楚地瞭解自己是誰、內在蘊含著什麼，以及身爲靛藍靈魂的你降生地球的目的。

這本書裡的資料是由我們兩個人所共同開發，其後在二〇〇三年的春、夏兩季，由卡比爾發表於德國法蘭克福的八場系列演講中。書的形式是演講在前，問答在後。第一章是後來加上去的，所以內容不包括提問。

這本書以一節關於占星學的短文開始。我們知道許多讀者對占星知識可能不感興趣，有些人可能還會強烈抗拒。但只要忍耐一下下就好，我們認爲這很值得。我們的經驗是，占星學能提供瞭解靛藍現象的重要關鍵。

這本書根植於我們在生命的微妙層面上所累積的個人體驗，同時也反映出我們在許多傳統的秘傳學說和神秘教誨中所投入的探索。我們的工作集中在人類的能量系統上，也就是環繞人體的能量場和體內的能量中心。這個能量觀點反映在整本書和書本身的架構上——第六章到第八章的內容便是以透過七大能量中心逐步展現的靛藍能量爲基礎。

我們認知到生命的微妙層面對我們善於分析的「正常」心智而言並不那麼具體，

而且它才剛開始被科學檢驗所證實。所以就當我們提出的內容是假說吧！拿它來做實驗，然後得出你自己的結論。

第一章　什麼是靛藍靈魂？

什麼是靛藍靈魂？

靛藍現象爲什麼出現？

要瞭解靛藍靈魂，知道一些星象週期——時間演變的「大局」——會很有幫助。

我們都熟悉占星學，它是日夜的節奏和四季的循環，亦即因天體運行而引發的生命階段。四季尤其體現了占星學的本質：成長、繁榮、衰敗和靜止。

四節循環分成十二個發展階段，每個階段都以黃道十二宮之一作爲代表。這個循環以代表創始、誕生、浮現的牡羊座（春季首日）爲起點，隨後繞著金牛座、雙子座、巨蟹座……前進，並在代表結束、完成、折返的雙魚座結束。

比一年四季更龐大的運行週期稱爲「大年」（Great Year）。它是由春、秋分的歲差所形成，而且引發出一個長達二五九二〇年的週期。由於複雜的天體力學，春季首日，也就是春分，每二一六〇年會緩緩繞著黃道帶退行（歲差）一個星座。我們將這個2,160年的週期稱爲「時代」（Age），例如：雙魚時代、寶瓶時代……等等。

大約兩千年前，春季首日與牡羊座和雙魚座的交會點形成一直線。這個交會點叫做「分界[1]」（cusp）。從那時起，春季首日便一路退行至雙魚座。也因此，過去兩千年被稱爲「雙魚時代」。

這些爲什麼重要？最好的比喻是將星座想像成天體鏡片，每一副鏡片都有特定的色彩。當地球對準特定的鏡片時，比方說雙魚座，那麼雙魚座的能量便會流入地球。要幫助自己瞭解這些能量流如何影響地球，你可以想像一下月圓之夜。當滿月高掛天際時，它會影響地球的水域並出現最高的潮汐。滿月也會對個人造成影響，使我們偶爾輾轉反側或情緒亢奮。一個時代的能量會以類似的方式影響我們的星球和我們的心靈。

每個時代都會創造出自己的「氛圍」。它會將某種原型的意象、信念和典範帶進重要的位置，並以相應的思維、情感和行爲來刺激人類能量場中的某個脈輪[2]。時代能量是一股巨大的力量，它以數不清的方式形塑我們的生活，形塑該時代人們的心理特質，形塑宗教和靈性形式，也形塑社會體系和文明的特有架構。

我們來看一些例子。牡羊時代（在雙魚座之前的時代，大約是西元前二一六〇年至西元〇年）以牡羊（白羊）座和火星爲特徵。牡羊座帶有自信、堅定、開創、擴張、意志和戰爭的能量。（它與第一脈輪或海底輪的一些特質有關，例如侵略；也與第三脈輪或太陽神經叢的一些特質有關，例如支配、權力和征服；它會激發上述特質。）牡羊時代是帝國、戰爭和擴張的時代。它被戰神馬爾斯（Mars）和男子氣概的象徵所支配。一個時代的能量可以由它的標誌和神話來說明。牡羊時代的一些神祇是好戰的巴比倫主神馬爾杜克（Marduk）和《舊約聖經》中憤怒的耶和華。羅馬帝國（西元前七五三年）的發展代表的正是此一時期的能量。

我們最熟悉的是過去兩千年的雙魚能量，因爲我們當前的文明和心靈仍被它們高度影響。基督教的誕生是開啓雙魚時代的「事件」，而它的誕生也影響了過去兩千年的歷史。雙魚座的標誌是魚。魚的兩條尾巴是早期基督教的象徵。基督在十字架上爲人類受苦，正是雙魚座主題思想中犧牲、受難、贖罪和超越的有力象徵。

雙魚是水向星座。水是感覺和情緒的元素。雙魚座與宗教和心靈有關（透過第七脈輪，也就是頂輪運作），與家庭的基本情感和我們的內在小孩有關（第二脈輪或稱臍輪），也與連結愛和慈悲的內心有關（第四脈輪或稱心輪）。受雙魚座影響，人類的焦點已經以一種感性、純眞、天眞無邪的方式轉移至愛、靈性和「另一個世界」。雙魚座的影響一直是人類進化旅程上的重要階段。它開始將能量從牡羊時代的好戰模式轉變爲代表耶穌及其教誨的愛和寬恕，更將「以眼還眼」的舊做法轉變爲「甘心受辱[3]」和「愛鄰人如愛己」的新體悟。

雙魚座的情感本質已經打造出一條感性／虔敬的心靈之路。它強調的並非理解，而是以情感爲基礎的交流和對信仰及信念的態度。它是服務和犧牲、慈悲和寬恕的星座，更是基督紀元的基調。但雙魚座也是自我否定和自我責難（我的錯[4]）的星座，在這種情況下，受苦被視爲洗滌靈魂的方式，而我們此生的個人喜悅應該要爲了死後世界的永恆幸福而犧牲。

寶瓶能量

此刻我們正處於雙魚座和寶瓶座的交會點。寶瓶能量正開始滲入地球。儘管人們已經有所感覺，但這只是起點，雙魚能量仍主導了整個「氛圍」。這是基於兩個原因：首先，我們還活在過去兩千年來建立的雙魚文明架構之下；其次，雙魚能量雖在消退，卻仍持續流向地球。

同時間，我們有穩定增加的能量自寶瓶座流入，帶來新的典範、思考方式、感受和行爲。分界是新舊之間的過渡期。兩個時代正在交會，兩股能量同時存在，這是充滿活力又振奮人心的時刻。

寶瓶座帶來了什麼呢？它有一部份的基調是自由、進步、個體性、知性的理解，以及群體意識。我們最早開始在地球上意識到這些寶瓶能量，大約是十八世紀，當春分進入雙魚座和寶瓶座的分界時。

每個時代都起始於一或多個撥動該時代主題及能量和弦的基調。美國的形成、其保障言論和宗教自由的憲法基礎，以及由許多個別的州共結同盟的架構，正是這即將到來的時代主題的強有力象徵之一。

寶瓶座是風向星座。風是心智的元素。寶瓶座主要是透過位於前額中央的眉心輪（第六脈輪）而運作。這個脈輪與我們的兩大智能層面有關，亦即善於分析的心智和直覺。透過接踵而至的寶瓶能量，眉心輪受到的刺激日益增強，而人類進入精微世界的心智活動、理解和直覺也被喚醒至新的水平。

眉心輪的開啓，是過去數百年來我們在社會上見到許多發展的根本原因之一。容我強調這點。想像時代能量的來臨刺激了人類心靈的特定中心。這些中心的活動創造出思想和行爲的新水平，隨後更外顯爲文化和文明。於是一個時代從我們的內在浮現，進而展現於外。

工業革命之後，電力的發現（電力受寶瓶座管控）緊接著登場，而資訊時代的出現更是新的理性思考能力透過眉心輪而展現的結果。

眉心輪和心智受到的刺激，在寶瓶人類身上引發出截然不同的心理特質，一種以增加心智活動爲基礎的心理特質。我們的智力活動達到了新的水平，其中最有力的表現之一便是我們對理解的渴望。我們的心智在探索，我們想要瞭解。第一世界的一般人都能讀、寫並使用電腦，生活在擁有不凡科技的世界裡。我們不僅運用感覺，同時也運用心智來應付生活。我們不會人云亦云地盲從；我們想要資訊、眞相、理由和證據。而且我們想要自由，爲的是讓自己做出明智的抉擇。

這種智能並非唯一透過眉心輪而逐步展現的能力。眉心輪分爲兩個層面，稱作「脈瓣」。下部脈瓣掌管善於分析的心智和理性思考及推理的能力。這是負責知性特質的脈瓣。上部脈瓣掌管一般稱爲直覺的東西。我們是以某種特定的方式使用「直覺」這個字。它指的是另一種能使我們接收精微世界的能量、思維和感受的感覺器官。

我們多數人都熟悉「直覺」這個字更實際的用法，比方說母親的直覺。但它還有另一層涵義。這裡講的直覺與更高的認知和心靈類的知識有關。這類直覺可以感知到存在於我們內部和周遭的更大整體[5]及相互關聯。它連結了與自性和靈魂有關的高等心智能力。洞察力往往像意料之外的靈光一閃般由此而生，而天才便是從這兒汲取到他們的靈感。

這種直覺能力的另一面是自省能力。我們可以透過眉心輪的上部脈瓣來檢視自己的想法和感受。這聽起來可能沒什麼了不起，任誰都能輕易地說：「我當然可以檢視自己的想法和感受啊。我知道自己什麼時候生氣、難過或快樂。這有什麼大不了的？」

但不只是這樣。這是一種深入研究自身感受、感知細微差異，並瞭解深層心理動機的能力。我們可以回到過去，回到孩提時期甚至更久以前，即時地追溯某個看似短暫的感覺。我們可以知道這個感覺或模式如何從我們的祖父母、曾祖父母，或甚至前世流傳下來。這種深度的自省能力是一種近期才廣泛出現的新型態思維。它在我們心靈中的出現使心理學領域得以誕生，而且也激起了大眾在自我發展方面普遍的興趣。

上部脈瓣的另一面向是對找出更高意義或涵義的需求。我們爲價值觀和目標而活。我們有複雜的世界觀，在這個世界觀裡，我們感知到自己與更大整體的相互關聯，我們設法找出自己的定位並做出貢獻。我們開始認知到一個彼此交織的偉大生命——我們並非獨立的個體，而是錯綜複雜的能量結構的一部份。我們看見每個部份都和其他部份相關，而且每件事物都會影響其餘的一切。

源源流入的寶瓶能量和它們對眉心輪上部脈瓣造成的刺激，是引發「新時代運動[6]」的主力之一。想想看，你會發現新時代運動反映出我們深入檢視自己的新興能力，反映出我們想瞭解自己究竟是誰的渴望，反映出我們對心理學、能量、靈魂和心靈等精微力量投入的探索，也反映出我們對自己與更大整體的相互關聯的覺察。

靛藍靈魂群組

每個星座時代不僅帶來該星座隨後將在地球上運作的能量，同時也帶來特定的靈魂群組。這意味著靈魂群組互有差異，每個群組都與特定的星座有關，或是與它密切合作。雙魚時代的靈魂群組帶有雙魚能量，這個群組多半在雙魚時代投身成人。如今寶瓶時代來臨，地球上有寶瓶能量在運作，而寶瓶座的靈魂群組也開始降生地球。目前正來到地球的寶瓶座靈魂群組和雙魚座靈魂群組有著顯著的差異。他們在脈輪上的活動不同，因而呈現不同的心理特質、思維、感受和行爲。

這些靈魂一開始是在十八世紀時投胎地球。當時只有寥寥數人。他們帶著截然不同於常規的新概念和新能量投身至雙魚座的文化及文明。就某種意義而言，這些個體在雙魚文化播下寶瓶能量的種子。他們是首批微小的綠芽，數百年後，將成長爲盛開的花朵。

靛藍靈魂的時間表

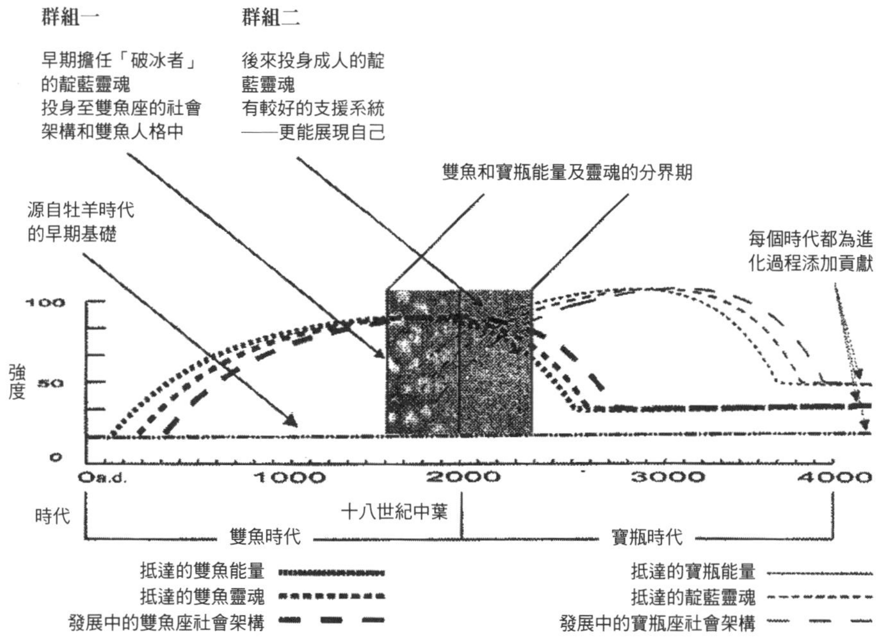

圖表1-1

靛藍靈魂的時間表說明

時代的開展

一個「時代」起始於新能量的流入。不久後，與該星座有關的靈魂開始轉世地球。這些靈魂會帶來新的概念和生活方式，並逐漸在社會結構和組織上引發變革。

兩個時代的交會

當新的時代開始抵達，前一個時代會開始消退。在這段稱爲「分界」的期間，兩個時代同時存在。兩股巨大的能量流正在交會。這是文化碰撞的時期。

群組一

靛藍能量和靛藍靈魂大約在十八世紀初期開始降生地球。這些早期投胎者承擔了最艱鉅的「破冰」任務，並首度帶來了新的能量。他們啓動了工業革命、電力、科學思想，以及解放和自由的新概念。

群組二

我們目前正處於文化過渡期，這是一個徹底改變的時代。有些新事物已經在你和你的文化裡誕生。這在1960年代出現的新靈魂身上特別明顯。但我們仍十分吃力地與外層人格和外在體制進行搏鬥，因爲這兩者依然帶有許多舊的事物。

今日我們跨足兩個時代

這就造成了當前的局面。我們活在兩個時代之間的分界期。一方面我們有雙魚時代，它的制度、宗教、組織、文化和生活方式，已經外顯並形成整個文明。另一方面我們有接踵而至的寶瓶能量和相對應的靛藍靈魂群組，他們投身為人的數量越來越多，而且終將逐步展開下一個文化和文明。

因此今天我們有兩股截然不同的力量在運作：一個是已具體成形的行星文化正在衰退的既有時代，一個是初來乍到的極少數人和概念將成為首批種子的下一個時代。這是恭逢其盛的有趣時刻！而如果你是帶著新能量的靛藍靈魂，這時刻就更是有趣。

靛藍現象得到大眾的關注不過是最近（過去十年左右）的事。一開始是因為學校和父母注意到「不一樣」的小孩日益增加。這些孩子個性鮮明、桀驁不馴、天資聰穎，而且無法適應現行的學校體制。他們異常快速的心智以有別於正常孩童的速度運轉（注意力缺失症）。他們有不同的心靈、相處方式和看待自己的角度。

有位靈媒在觀察這些孩童時，創造出「靛藍小孩」這個名稱來描述他們，因為他們的氣場呈靛藍色。眉心輪的顏色是靛藍色。這些孩童的眉心輪高度活躍，因此靛藍色自他們的眉心輪散發並渲染了整個氣場。

從那時起，靛藍小孩的概念漸漸爲人所知，特別是透過李・卡羅（Lee Carroll）與珍・托柏（Jane Tober）的《靛藍小孩》（*The Indigo Children*）一書。這些孩童中最先進的、擁有卓越心靈天賦和智慧的人，有些已經成爲這個新世代的象徵。許多父母想知道他們的孩子是不是靛藍小孩，而一些學校體制也已經開始尋找教育這個新世代的方法。

在我們的研討會上，我們發現有許多投身爲人的靛藍靈魂早已成年。他們多半默默成長，意思是沒有人察覺他們的不同。這些成人（和多數的靛藍小孩）都很聰明，但是缺少靛藍靈魂常有的卓越心靈天賦。而由於他們不像特別資優的個體般引人注目，因此往往遭到忽視。

這些成人正是我們工作坊中絕大多數的參與者。他們知道自己與眾不同，但不清楚爲什麼、意義何在、如何處理，或是該拿它怎麼辦。他們有許多人因爲感覺到差異、疏離、孤單和誤解而吃盡苦頭。他們有許多人因爲不適應而認爲自己不對勁，進而產生了自卑感、自我批判……等等。這眞是一件奇怪而痛苦的事：如此美麗又帶有這般新潛質的人卻如此備受煎熬。這些人亟需瞭解自己。他們的心路歷程是什麼？他們又該如何得到支持？

當個靛藍成人並不容易，他們投身至雙魚時代較爲稠密的振動當中，並破土播下寶瓶文明的首批種子。他們的任務艱鉅。他們投身至一個不支持他們、在許多方面還處心積慮妨礙他們的環境。他們成長於家庭，受教於學校體制，這使他們習慣了雙魚座的行爲方式，而不支持自己內在隱藏的寶瓶／靛藍心靈。結果就是，他們許多人表面上——在外在人格、思考方式、感受和行爲方面——成了只顯露出些微靛藍能量的雙魚人格，然而骨子裡卻有著強烈的靛藍心靈。我們稱這種狀態爲「在雙魚人格中的靛藍靈魂」，而這並不好受（詳見「在雙魚人格中的靛藍靈魂」圖表）。

較近期的靛藍小孩和某些靛藍成人，特別是父母本身也是靛藍靈魂的那些人，日子就好過一些。首先，時代已經不那麼沉重稠密了，而這些父母也支持孩子們的靛藍本質，比較少對他們施以雙魚座的訓練（和制約）。他們的人格反映出更多新的事物，而且更符合他們的靛藍靈魂特質。我們將他們稱爲「活在靛藍人格裡的靛藍靈魂」。

在雙魚人格中的靛藍靈魂

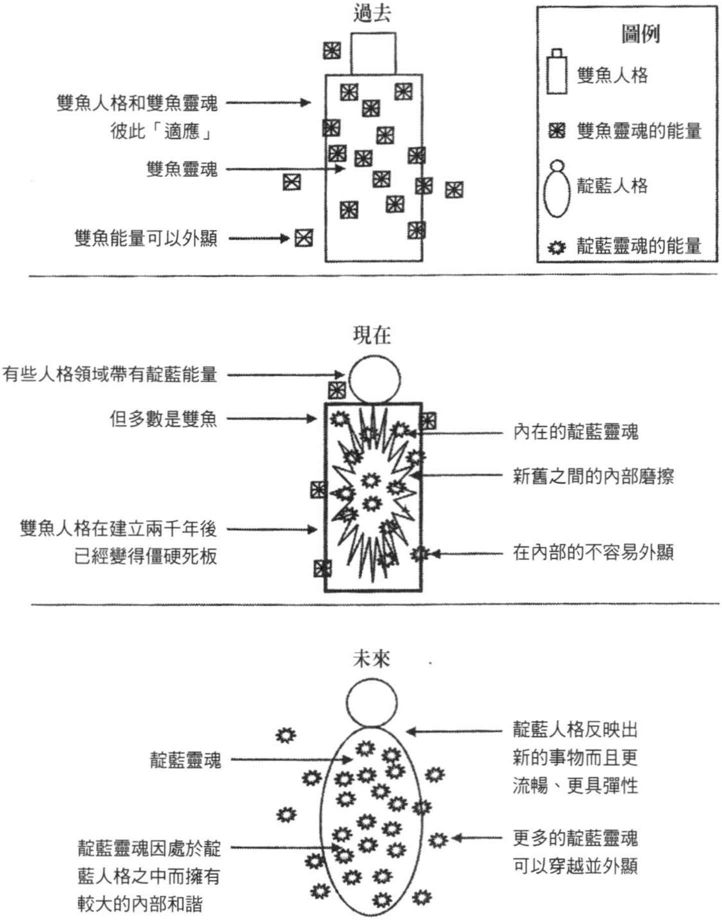
過去
圖例
雙魚人格
雙魚靈魂的能量
靛藍人格
靛藍靈魂的能量
雙魚人格和雙魚靈魂
彼此「適應」
雙魚靈魂
雙魚能量可以外顯
現在
有些人格領域帶有靛藍能量
但多數是雙魚
內在的靛藍靈魂
新舊之間的內部磨擦
雙魚人格在建立兩千年後
已經變得僵硬死板
在內部的不容易外顯
未來
靛藍人格反映出
新的事物而且更
流暢、更具彈性
靛藍靈魂
更多的靛藍靈魂
可以穿越並外顯
靛藍靈魂因處於靛
藍人格之中而擁有
較大的內部和諧

圖表1-2

過去——雙魚靈魂在雙魚人格的架構中

過去兩千年來，雙魚時代已經形成了雙魚座的人格類型，並建立起雙魚座的文化和文明。雙魚靈魂被整合至雙魚人格，它很平衡而且「生逢其時」。

現在——靛藍靈魂在雙魚／靛藍人格混合的架構中

雙魚時代接近尾聲，能量變得具體、確立而且根深蒂固。這是靛藍靈魂抵達的環境。靛藍靈魂進入家庭，成長於以雙魚座爲主的學校和宗教系統。這些影響形塑了他們的外在人格架構，即便他們的內在意識是靛藍的。這引發了內在靛藍靈魂和主要由雙魚支配、只讓少數靛藍能量呈現的人格之間的差異和內部衝突。

未來——靛藍靈魂在靛藍人格的架構中

當代有許多靛藍小孩是由靛藍父母所生，他們是靛藍人格架構中的靛藍靈魂，因此比較協調，也比較能展現出寶瓶座的本質。這些孩童仍在早期階段。當外在社會變得更寶瓶座時，靛藍本質也將有更多的表現機會。我們才剛開始看見這些新靈魂的特質呢！

原注：

1. 這是大概的起點。十二宮起始的精確角度並不為人所知。分界期會持續數百年之久。
2. 脈輪一字來自梵文，用來指稱人體能量系統內部的七大能量中心之一。我們在本書各處將以脈輪和中心二字來描述這些能量漩渦。

譯注：

3. 原文為「turning the other cheek」，語出《馬太福音》。意指將被人打了耳光之後，把另一面臉頰也轉過來讓人打。引申為甘心受辱之意。
4. 原文為拉丁語句「mea culpa」，意思是我的錯、我的過失。
5. gestalt，德文，一般意譯為「完形」，或音譯為「格式塔」。完形心理學探討的是人類對圖像的認知反應。在本文中則代表「整體」的概念。
6. 新時代運動（New Age Movement）起源於十九世紀晚期至二十世紀初期，一九六〇年代起在歐美地區蓬勃發展，至今仍方興未艾。新時代指的是寶瓶時代，新時代運動的目的是以新的生活方式迎接寶瓶時代的來臨。它融合了東、西方宗教傳統、神秘主義和現代科學觀念，範圍則涵蓋哲學、科學、醫學、心理學、音樂、藝術、通靈術、外星人、古文明……等主題。

第二章　時代的轉變

時代以概念的誕生爲起點。新的概念進入集體意識，和生活相關的新契機也開始浮現。心靈展現出新的面向，一如先前隱藏於蓓蕾中的花瓣，此刻變得清晰可見。新的社會架構的種子開始萌芽，日後它將形成社會制度。在經濟、科學、社會等不同領域的發現，也將逐漸展現廣泛的影響力。

在時代開端誕生的事物會引發文明的進化。早期的能量顯得青春洋溢，它們既新鮮又充滿活力。概念和領悟的形式是「純粹」的。它們往往很理想化，或許還不切現實際，然而它們提及的可能性卻令人動容。

經過兩千年的時間，這些能量慢慢適應了文化或成了文化結構的一部份。隨著時間的推移，這些概念形成既定的思想和行爲模式，也形成社會組織和社會制度。當時代接近尾聲，這些概念已成爲文明的固有思想，而下一個時代也將以此爲基礎建立起根本架構。有個巧妙的比喻是，每個時代都替一棟興建中的建築物砌上一排磚頭，使這道牆高出一排。每個時代都對進化過程做出貢獻，並成爲下一個時代的基石。

然而這個過程也有負面發展的可能性，亦即「蹺蹺板」作用。當社會建立起外在形式，初始概念的生命力便會減弱。當時代接近尾聲，概念——即便貢獻卓著——則變得確切且牢不可破，而形成這個時代的動力逐漸衰微。

東方有個形容這種狀態的比喻。時代的循環被稱爲「法輪」。每二一六〇年法輪會得到一次高速旋轉的啓動力。漸漸地，法輪停止運轉，事物變得緩慢而停滯、僵固而死板。接著，下一個星座在下一個時代的起點來臨。法輪再次旋轉。新的動力將帶著新的概念和生命，啓動文化及文明的新發展。

我們目前正處於法輪重獲啓動力的時刻。新的概念和理想正從內在層面大量湧入人世間。新的能力正在人類的心靈中浮現。新的發明正被社會各界所發掘。

同時間，法輪開始在雙魚文明停滯不前的情況下轉動。我們不妨回到法輪的比喻上，想像必須轉動的輪子已經變得運作僵硬遲緩，而且被具體成形的混濁能量給阻塞。思想和感覺、社會價值觀和習俗、制度和組織，全都變得沉重而遲鈍。儘管雙魚能量正在撤離和減弱，但這些能量的具體形式或框架卻依舊規模龐大、聲勢浩然。轉動中的輪子必須掙脫舊事物的羈絆。舊的事物正在崩解，然而一如所有的生物，舊的事物緊緊抓住已知，並爲保住一席之地而奮戰。

新舊之間的衝突

時代的起點是一個衝突的時刻。新的事物帶著青春熱情蜂擁而至，舊的事物則頑強抵抗以保住優勢。我們在自我和集體問題的更大領域中都明白這點。舉例而言，自十八世紀初即源源流入的寶瓶能量，一直刺激著眉心輪並活化我們的智能。儘管它對今日世界的科學思維和理性思考造成了巨大的影響，雙魚時期的情緒性仍顯而易見。

我們都有理解和領悟的能力，然而我們也看到本能的情緒反應仍以各種方式在個人和集體層面上驅使我們，並支配我們的思考模式。寶瓶能量已經在短短一百年間將我們的文明轉變成一個以科學和資訊爲主的社會，而且喚醒了我們下一個階段的智能發展。可是我們的許多心理特質、組織和制度卻仍舊十分的雙魚。

這個新生活和具體形式之間的掙扎發生在地球周遭的精微能量領域。你肯定見過那些從太空中拍攝的地球照片。圍繞地球的是大氣層的白色薄霧。想像大氣層不僅由空氣組成，也有依思想和感覺頻率而振動的能量。法國哲學家德日進[1]（Teilhard de Chardin）稱它爲「心智圈[2]」（noösphere），其他人稱之爲網絡（web），我們則叫它「矩陣」（Matrix）。（別把它跟「駭客任務」這部電影給搞混了，儘管概念上是有些雷同。在電影中，母體指的是人類夢見的集體幻象。在某些方面，地球周遭的能量矩陣也頗爲類似，它包含許多使我們陷入如夢狀態的集體幻象，以致無法得知身爲靈魂的深層本質。）

矩陣裡充滿被稱爲思想形式的思維架構。思想形式可以小得像是我心裡盤算的當日購物清單，也可以大得像是民主、基督教或環保主義……等涵括數十億人和成千上萬個組織的巨大能量結構。

當一個時代開始而星座能量隨之抵達時，它會爲地球周遭的能量矩陣帶來強而有力的思想形式。這些龐大、集體的思想形式會變成建構文明的基本概念，並形成概念和能量的根本結構，我們生活中的每個層面幾乎都奠基於此。就像每時每刻我們都呼吸著組成身體結構的空氣一樣，每時每刻我們也都接收著組成心靈結構的思想形式。

思想形式持續地影響著我們。它形塑我們的思想和行爲。它引發出特定的情感，並決定我們如何處理這些情感。它影響我們如何駕馭本能，而我們的超我又是如何構成。它創造出我們懷抱的價值觀和我們試圖遵循的理想。思想形式緊密地交織成我們心靈的內在結構和制度的外在形式。

當新的星座在時代起點抵達時，會帶來一套截然不同的思想形式，並與前一個時代已然確立的思想形式相衝突。我們來看看這個例子，今天它正影響著我們所有的人。源自雙魚時代、至今仍普遍存在，而且被納入基督教教義的思想形式之一，簡而言之就是「我們生來即是罪人」。

現在將這種思想形式與寶瓶時代初來乍到的思想形式之一相比較，亦即「我愛自己，我讚揚自己」。它看起來或許像個微不足道的信念轉變，然而這個「小」轉變所涉及的層面卻不同凡響。

想瞭解這種心態的影響有多麼地深遠，我們不妨回顧一下「我錯了，我應當受罰」這種思維所產生的效應。雙魚人類的內在心理結構已經變成以它為基礎。它導致了罪咎、羞恥、自我否定和壓抑。它使人們感到渺小而軟弱。他們顯得無能為力，並將力量交給了透過罪咎和恐懼來支配及操控他們的當權者。缺乏自信的人們因此過著卑微的生活，為了保障安全而迴避風險，因為他們懷疑自己的應變能力。這種自我感覺不佳的狀態使他們過份倚賴他人的注意和認同。由於不認同自己，他們試圖以人工的方式打造一個受人看重的自己。整個產業——服飾、化妝品、整型手術、電視等等——全都根植於這些因為深度自我懷疑而生起的心理補償機制。

你能想像一個以每個人的尊嚴／自尊和力量／自主為基礎的文明嗎？在那兒，人們意識到自己與整體深刻交織，而且生來就能感受到價值感和歸屬感；在那兒，出於這種自主性，他們熱情地認為應該致力於讓世界變成一個更美好的居所。這類型的人欣賞自己眞實的面貌。他們可以讚美自己的身體，享受多彩多姿的生活，也同時與自己的靈性相連結。他們可以愛自己，並准許自己成功、聰明而美麗。

這類型的人在感覺、態度和行爲上的差異，注定導致社會結構的明顯改變。把這些「小小的」思維轉變所造成的影響加總起來，我們終將擁有一個非常不同的文明與非常不同的內在生活。

靛藍靈魂在雙魚文明中的掙扎

這種新舊之間的矛盾極具挑戰性，而且往往會傷到靛藍靈魂。一個人的成長需要某種類型的撫育——某種心理、情感和精神上的食糧。然而許多靛藍靈魂得不到這些。眞實的他們不被認同或支持。他們的美好和價値沒人看見。旁人多半認爲他們與眾不同或怪異。有時他們甚至被旁人視作威脅。他們經常不認同自己的特質或本性。也由於他們的想法和感受異於他人又無法融入群體，他們往往會批判和否定自己，有時還會成爲自己最嚴苛的批評者。

我們先前提過，許多靛藍靈魂發現自己是「雙魚人格中的靛藍靈魂」。這種狀態對靛藍靈魂會造成很大的問題，因爲這種人格模式不適合他們。它在他們身上無法有效運作。不知怎麼的，他們最後都過起了沒有自己的生活。他們認爲自己的行爲、思考和感受，與自己內心深處認知到的眞實自我並不一致。最後他們也許會從事一些自己可能擅長卻無法滋養內心或靈性的工作。

此外，多數靛藍靈魂與生俱來的高度敏感性也被今日世界更加稠密的振動給摧殘和傷害。這種傷害的常見形式就是我們所謂的「本質的創傷」。舉個例子好了，想像一個非常聰明的靛藍小孩有著敞開的眉心輪。這類孩童對事物和情勢具有敏銳的洞察力，他們很清楚家裡發生了什麼事。他們看見正在上演的緊張和恐懼、謊言和欺騙、攻擊和競爭，即便往往沒說出口。

我們都知道孩童的天眞坦率，以及他們在成人不願談論的敏感地帶直指事件核心的能耐。那麼我們是如何回應的呢？通常不太老實。或許我們嘴上說沒事，實際情況卻是另一回事。或者，我們可能更主動地要求孩子們閉嘴，告訴他們少管閒事，甚至還因爲他們的打擾而處罰他們。你認爲這種行爲對孩子們會造成什麼樣的影響？答案是，上部眉心輪代表的洞察力被攻擊並承受創傷。

上述範例只是脈輪可能受傷的方式之一。所有的脈輪都可能受傷，而且經常受傷。在多數的靛藍靈魂身上，能量場和脈輪是收縮而扭曲的，有時甚至比受到類似傷害的雙魚靈魂更爲收縮扭曲。

除了這種受傷和身爲異類的感覺，靛藍靈魂需要一種截然不同的生活及關聯方式，然而多數人卻找不到。我們都需要賺錢來支付帳單，不過在許多個案中，靛藍靈魂的創新精神無法使他們靠天賦賺錢。最後他們可能會從事一些無法與內在生活產生共鳴的工作。這是痛苦而受限的，對生命的擴展和內在能量的流動來說，它也可能具有破壞性。

靛藍靈魂群組的任務

這一切挑戰都是我們身爲靈魂群組的部份任務。這項任務是認同新的事物並使它具體呈現於外。它以認同和榮耀我們內在的新思維、新價值和新能量爲起點。隨後透過內在修持，徹底成爲我們自知可以成爲的人，並在我們的心靈和生活當中體現這些。最後便是找到表達、建造，和將我們蘊含的新事物外顯爲形式的勇氣。

這其中有許多挑戰！而且會有許多挫折和看似失敗的時刻。你不會得到太多的支援，即便事物正在快速地演變，而美好的事情正在發生。如果我們著眼於較大的佈局，並以較長遠的時間來看待事物，會發現它們都發生得十分快速而明確。新的事物正在誕生，新的振動即將抵達，一個全新的文明就要出現。如果你著眼於當下的局面（我們這一世的這個特定時刻），會發現我們之中有許多人深受挑戰，有許多人在奮力掙扎。儘管我們會在許多情況下「贏得戰爭」，但我們仍將在過程中「小輸幾回」。

重點在於我們要留意大局，並記得我們在求道之路上所踏出的每一步都在往前邁進，而這條路將帶領我們走向個人和全體的至高點。走了十步又退回幾步是正常的。失敗和挫折是成長及學習過程的一部份。身爲靈魂個體和靈魂群組，我們歷經過許多時代和文明。我們在每個時代學會不同的事，獲得不同的體驗。我們進行不同的實驗並從中學習。透過這個永無止盡的學習過程，我們逐步展現自己不同的面貌。有時在成長過程中看似一小步的事物，對整體的成長而言其實是重大的貢獻。

認出個人修持對整體的重要性也頗有助益。將每個人想像成我們稱作「地球」的行星有機體內部的一個細胞。地球有個已經進化了數百萬年的振動結構。這個振動結構形成了我們肉體、情緒體、心智體和能量體的基礎。當新的事物奮力從我們的內在浮現時，我們同時也在克服地球本身的恐懼、限制性思想和情感模式。我們的個人修持可以轉化行星的能量。我們正在自己的能量體內打造一種新的振動結構，而我們的能量體正是這個行星能量體的一部份。

儘管我們的振動轉化看似只發生在個人生活中，我們卻也在改變星球本身的振動本質。因此在某種意義上，我碰巧在「我」目前所處的一平方公尺上努力，而你也在你目前所處的一個平方公尺上努力。當數百萬人各自在他們所處的一平方公尺上努力時，我們改變的將是數百萬平方公里。我們每個人都以極精采的方式，爲這個星球進化中的生命和新事物的浮現做出貢獻。事實上，在很短的期間內，我們正在改變數千年來的振動結構。

時代轉變的此刻將帶來轉化的最大可能性

在此時此刻改變，對我們而言至關緊要。在兩個時代交會的轉變時刻，在兩股衝突勢力的混亂之中，新的事物最容易成形。有個很好用的比喻是：一個男人被關在管理非常森嚴的監獄裡，凡事都受到控管，一切都遵循規則，想越獄是困難無比。可是如果發生地震，一切忽然陷入混亂，那麼常規將被打亂，架構將被破壞。如果有人夠機警，他就能趁亂輕易脫逃。

現在就是這樣的時刻——混亂不安，社會動盪，舊的架構正在崩解，新的架構尚未建立。在這個時刻，我們可以取得並運用意識的偉大力量。如果我們夠機警，我們就能抓住這個瞬間。最偉大的轉化有可能在此刻發生。在某個時間點，這一刻將一去不復返，新的靛藍社會將已成形，而爲了所有令人驚奇的下一步，它也將歷經發展、具體化、制度化和衰敗等無可避免的循環。我們現在握有的新契機，將爲它自己在時代進化的無盡循環上建立起下一個階段。

在某種程度上，下一個兩千年取決於我們在這個分界時刻所能帶來的轉化深度和豐富性。我們目前正爲下一個兩千年奠定基礎。現在我們所做的正向改變越多，我們爲下一個時代、下一個兩千年所打造的基礎就越穩固。偉大的責任和機會就在我們手上。

問與答

現在我想將今晚開放給在座學員們提問或發表意見。

Q：我是學商的，而且一直在舊體系裡工作，像是銀行和大公司。我對那些地方的感覺不是很好，所以離開了。目前我在一家做天然生物產品的公司上班，它比較合乎我的本性，但薪水不是很多。在一個不支持這類我喜歡、也對我有益的事物的世界，我要如何不缺錢地活下去呢？

A：金融和商業仍帶有許多陳舊的雙魚作風，它的重點在於生產、競爭和獲利，而且往往以犧牲員工或個人福祉爲代價。然而，商場上瞬息萬變，許多地方的商業和金融已經呈現出新的氣象。我預見在不久的將來，我們的工作場所會成爲我們靈性成長的集中點。在商業界有一種被稱爲「商業意識」的新的精神正在浮現。我看見公司變成了「團體修行所」（corporate ashram[3]）——在商場上或企業界，生產製造和內在成長將攜手並進。

儘管這種新的精神正在起步，可是離它躍居主流，使許多人能透過在「有意識」的環境中工作而賺取金錢仍有一段時日。目前，一般工作環境不太可能支持意識工作，而大多數意識導向的人在那種環境裡也不太可能感覺自在。

在某種程度上你是幸運的，因爲你找到了一間帶有新氣象的公司，即便它的薪水不高。而在一間另類的公司上班，你就是處在一個支持你的環境裡，它或許可以幫助你發現自己獨特的貢獻形式。

如果想多賺點錢，你也有其他選項。首先是在一般企業界找份薪水夠用但不必作賤自己的差事。它可能是一份比較傳統的工作，但你或許能找到透過它傳達某些理念的方法。你不必換公司或換工作，不過你得找到讓自己投入工作的方法。

第二個選項是由你主動帶進新的事物：你開始改變這份工作或改變你目前服務的這家公司。你開始轉化它。也許你會對人們的樂於接受和你可以在許多方面帶進新的點子而感到驚喜。

選項三是向內傾聽心靈的感受，也就是你的使命，然後讓自己找到個方法，去創造你想要創造的事物。當你追隨自己的心和夢想時，魔法就會發生。它需要充滿信任的一躍，而我發現，當我們縱身一躍時，生命往往會支持我們。

我還想談談另一件事。當一個人對新的事物作出反應時，身邊的人可能會說：「不，別這麼做，回銀行上班比較安穩。」但我想鼓勵你追隨你的心和靈魂。我們周遭有太多聲音是以恐懼和渺小爲基礎，它們會逐漸削弱我們的想像力和我們的熱情。信任自己，傾聽並追隨你內在的聲音。當你這麼做時，它會使你更有力量。你的信任將越趨堅定，你的彈性將逐漸擴大，而你適應各種情況的能力也將開始增強。信任和勇氣就像肌肉一樣，越是用它，它就越強壯。

然後，你會驚訝於你若是盡了當盡的本份，你就會得到應有的福份。你會度過危機，你會賺到你需要的錢。金額或許不像你想要的那麼多，但是一定足夠。我深信生活中自會出現支持我們的方法，特別是當我們追隨自己的使命時。同時也要記得，對許多靛藍靈魂來說，更簡單的生活和更少的物質羈絆也是課題的一部份。你眞正需要的有多少？你被我們文化當中「擁有更多」而非「活得更豐富」的念頭困住了多少？

Q：為什麼這是一個特別的時刻？歷史上不曾有過其他特別的時刻嗎？你真的認為這一刻在進化過程中是如此重要嗎？

A：對，我眞的這麼認爲。我的理解是，這一刻是已經發生的進化階段裡最重要的階段之一。這是基於兩個原因。首先，在雙魚和寶瓶時代之間的轉變相當顯著。我們已經見識到在社會、科學、科技、生活型態……等方面的改變，而這些不過是冰山一角。我相信在人類心靈方面尚未發生的改變還會更大。

但是有另一個理由讓我覺得這一刻別具意義。我相信此刻我們正爲人類進化的下一個階段做準備。我們正處於行星啓動（planetary initiation）的過程中。行星啓動指的是星球以整體之姿巨幅躍入下一個意識的進化層次。如果回顧歷史，你會發現在某些非常重要的時刻，進化已經做過這類型的跳躍。其中最重要的變化之一就是猴子的額葉進化。這個步驟催化了猴子變成人類的過程。我相信目前正在發生的階段同樣意味深長，甚至不遑多讓。這是一個使人從物欲走向靈性、從本能走向自覺、從身體／心理存有走向巨大靈性存有——靈魂——的階段。

這是一個龐大而重要的主題。稍後我會花更多時間來說明。

Q：瑪雅曆法在二〇一二年的耶誕節前幾天出現了變化。請問這次的轉化要花多久時間才會發生？它會在瑪雅曆法暗示的時間點結束嗎？

A：你問我是否認爲這個行星啓動會在二〇一二年發生。嗯……我心裡有兩種不同的聲音。第一個聲音說，「我當然希望啊！如果我們可以讓自己更成熟，並且讓人類在二〇一二年做出這個偉大而重要的改變，那就太棒了。」我熟悉瑪雅人、諾斯特拉達瑪斯[4]和其他來源的預言，基本上它們都說在接下來的大約二十年間我們會做出不可思議的改變。這是我充滿希望的心聲，但或許這只是我一廂情願的想法。

我心裡的另一個聲音比較務實。它說，「我們有一段長路要走，有許多苦工得做。地球一團混亂！我們沒辦法這麼快就處理完畢。」或許它得花上一百年、一千年，甚至一萬年。然而就進化的時間而言，這算快的，它不過是一眨眼的工夫。以我們的時間觀點來看，它似乎是一段很長的時間，眼前還有綿延無盡的未來。但我深信這個過程現在已經開始。我們正在第一股推進力裡面。我不知道這股推進力會不會在二〇一二年或二〇〇一二年開花結果，可是目前我們正在架設舞台。我們現在的行動對這個過程而言至關緊要。

就我個人來說，我希望我心裡那個一廂情願的聲音是對的，事情眞的會在二〇一二年發生。但老實說我不曉得。我只能說，有部份的我之所以認爲「它會在二〇一二年或二〇二五年發生」，與被我稱爲「內在小孩的天眞奇幻思考」的理由大有關係。我的內在小孩希望老天爺能夠現身揮揮魔杖，然後我們就能全部轉化，從此過著幸福快樂的日子。但科學家和心理學家的工作告訴我，我們這邊有許多差事得先做。沒有老天爺會現身替我們搞定一切。同時我也知道這裡確實有魔法在上演。不只我們，還有更大的力量在運作著。

因此，我想對我們所有人說：讓我們盡好自己的本份吧！它確實是一件苦差事，也不容易做到，但是改變你的生活吧！那麼在另一邊的上帝和靈性存有將給我們應有的福份。這就是共同創造。

Q：靛藍時代或寶瓶時代的想法令我困擾。它聽起來有點像是為了「被選定的少數人」要在不同的星座時代投身地球而存在。但有時候，我瞭解全體人類都會成為靛藍時代的一份子。

A：我想起一部我看過的戰爭片，「搶救雷恩大兵」。那天是二次大戰盟軍進攻西歐的日子，同盟國突襲了諾曼地的海灘。士兵們面對碉堡和機關鎗，數千人遭射殺倒地。我不確定你是否會稱那些衝鋒陷陣的人是「被選定的少數人」，因爲在某些方面情況有點雷同。我認爲這些早期的破冰靈魂十分艱苦。許多先進的靈魂吃足了苦頭。但就算是在較不引人注目的層面上，它也會是困難重重。

我想舉一個親身案例。我的父母是靛藍靈魂，他們透過開明的思想、寬闊的胸襟、人道主義精神和環保意識來展現這一點。他們有通靈能力又十分善體人意。他們對亞特蘭提斯、心理發展、進化論之類的事情深感興趣，可是在五〇年代和六〇年代初期，這些東西並不流行。

他們在三〇年代左右出生，當時這些想法很少得到支持或理解。他們有許多特質無法展現。我母親想成爲遺傳學家，最後卻當了媽媽並活在家庭主婦的角色裡（即使這個角色不曾眞正合乎她的天性），因爲沒有人支持她去追求夢想。十八歲時她已經是一名想隻身探險和旅行的獨立女子，但最後卻被控制並引導至「可容許」的方向上。

我父親不信傳統宗教，但對另類靈性倒是挺感興趣。他發現他的這些興趣得不到支持於是漸行漸遠，這導致他沒能在靈性方面開花結果。他是個科學家，後來成了某個學院的院長。他替兩個地方帶進平權和一視同仁的精神，卻被沒完沒了的政治動作、背後中傷和競爭手段搞得傷心、失望又備受攻擊。他的想法和精神超越了他的時代，結果爲自己帶來痛苦和挫折。

我的父母在許多方面都受到限制和阻礙，原因出在他們成長的時代，以及那些限制他們內在發展的影響。我知道在許多層面上他們甚至不清楚自己錯過了什麼，而且也接受了現狀，至少在某種程度上。但我有時不免爲了沒能在他們生命中成就的事物而悲泣。

儘管必須忍受一切限制，他們仍爲我們兄弟倆提供了給予支持和照料的成長環境，使我們的心靈與本質得以展現。這種事情誰說得準呢？但我相信我的父母提早來到世上並做出偉大的犧牲，爲的就是要幫助我們這些孩子。

我以他們爲例子來說明成爲「被選定的少數人」是什麼意思。他們面臨很大的挑戰和困境。成爲「被選定的少數人」之一並不是爲了彰顯自我，它代表的是許多的犧牲和辛勤工作。

言歸正傳，我的經驗是目前地球上有各種不同的靈魂群組，許多目前投身爲人的靈魂是與過去雙魚時代相關的雙魚靈魂。脫離肉身後，他們大多在很久以後的循環才會再次投胎，而那要好幾千年以後。當雙魚能量撤離時，它的靈魂群組將離開人世，而寶瓶靈魂的群組則開始進入。每個靈魂群組、每個星座，總會有些個體在任何時候投胎，但多數投胎者還是屬於主宰該時代的星座靈魂群組。

針對你的問題，我想回應的最後一件事情是，雖然目前大多數在此的靈魂是雙魚靈魂，不過即將來臨的靛藍／寶瓶能量卻影響著每一個人。雙魚靈魂也在作出回應，但他們的回應將不如靛藍靈魂群組那般強烈。

Q：我做過好幾次前世回溯，我覺得我以前投胎過不少次。如果我是靛藍靈魂，我有可能是在雙魚時代投身為人嗎？

A：是的，你很可能在雙魚時期投過胎。這可能有兩個原因。首先，誠如我剛才提到的，總有幾個來自各種靈魂群組的靈魂會在任何時間投身爲人。第二個原因是，許多靛藍靈魂透過提早投身於雙魚時代來爲今生的服務做準備。我知道有些提早在某個時代投胎的靈魂，會透過在前一個時代的幾次投胎刻意爲某件工作準備。這幾次投胎使他們可以適應那個時代，給他們某種理解、力量和技巧，好讓他們扮演特定的角色或在時機來臨時去做某些事情。

這是我的親身體驗。我有不少自己在早先的時代接受訓練的記憶。十八歲那年我在一瞬間「覺醒」，從一個叛逆少年變成了一名求道者和一個擁有從前幾世帶來的秘傳知識的老師。許多我見過的靛藍靈魂也是如此。這幾次的投胎提供了特定的訓練，這樣你在歷史上這個特別的時刻才能派上用場，提供服務。

Q：你說的「時代」對我而言是全新的知識。這些知識是從史料裡讀來的嗎？

A：我知道有四個來源是以靈性／星座的角度來談論時代。第一個來自於印度傳統，它們被稱爲「宇迦」（Yugas）。印度有涵蓋數百萬年的複雜曆法，其中包括四個主要的時代：薩緹耶（Satya）、特里塔（Tretâ）、達瓦帕拉（Dvârpara）和卡利（Kali）。

第二個是地球上源源不絕的智慧，簡單講就是「永恆的智慧學說」，它們被認爲是流傳歷代八方的秘傳學說的根本來源。今日我們承襲了它們的吉光片羽，例如印度帕坦加利[5]（Patanjali）的作品和《奧義書[6]》（*Upanishads*）、埃及的希臘神秘哲學、中國的道家宗師、日本的禪學大師，和伊斯蘭傳統的蘇菲大師。第三個學說的主體比較近代，我相信在目前所能取得的知識當中，最完整、最高階的形式就是

「艾麗絲・貝莉[7]」（Alice Bailey）資料。她的作品就像一部秘傳學說的百科全書，深入地涵蓋了進化發展和靈性等廣泛的主題。

我會鼓勵你們去讀艾麗絲・貝莉的書。它們不容易讀，但值得一試。一開始它們幾乎讓人讀不下去，因爲和你打交道的——沒有更好的字眼可以描述——是一位「明心見性的覺者」（illumined mind）。她的思想品質和措辭非常高尚，每個句子的思想形式都滿載著信息並擁有巨大的影響力，光是閱讀這些書籍就能啓動我們內在更高的領悟力。我鼓勵想加快成長速度的人用這些書籍來鍛練靈魂的肌肉。

儘管所有書籍都彼此關聯，不過我認爲對我們每一個走在成長之路上的靈魂而言，最直接相關的就是《白魔法論》（*A Treatise On White Magic*）。白魔法指的是爲了內在成長而有意識地使用能量。它能教導我們瞭解自己內在的能量。我也想推薦《新時代的教育》（*Education In The New Age*）這本書，因爲它描繪了新靈魂的成長過程。

第四個學說的主體來自於印度神秘主義者奧修（Osho），我認爲他是一位靛藍大師。他的學說是最現代、最先進的學說之一。他是眞正叛逆的靈魂，他自傳統掙脫，進入了一種隨心所欲、熱情洋溢的生活狀態。

他的學說談到了新的靈性、新的男性和新的女性，還有在廿一世紀作爲一個靈性存有的生活過程。他以過去宗教從未有過的方式擁抱生活。他聞名於世的詞彙之一便是「左巴佛」（Zorba The Buddha），意思是一個人可以充份地享受世間富足，同時全然地活在另一個世界已然覺醒的靈性意識中。

Q：什麼是星座和時代？它們是靈魂的累積，還是神的念頭？

A：黃道十二宮在秘傳學說裡指的是「十二個偉大的生命」，它們遠遠超越我們的進化，而且各有各的進化旅程。就像我們的靈魂創造出藉以體驗和學習的身體一樣，這些偉大生命創造出來的身體則是眾多行星和眾多太陽系。

秘傳學說的基礎在於，有一個浩瀚不可測度的偉大生命以這個宇宙爲身體。我們人類稱這個偉大的生命爲「神」。這個偉大的生命透過無數較小的生命降下位階。這些生命又不斷地降位，每一個在規模、能力和特性上都比之前的更小或次要，或低階。我們的生命、甚至於我們的地球，在這個龐大的生命階級裡，被認爲處於相對遙遠的底層。在高於我們的生命階級所發生的事件，會向下擴散並引發巨大的能量流，進而影響我們的生活和我們的世界。

秘傳學說向世人展現了生命和宇宙實相的大局，也給彼此交織的生命一種極大的整體感。從最渺小的到最巨大的——生命中的生命，全都在這個宇宙體系裡相互作用，彼此影響。

「時代」被認爲是這些較大生命裡的週期。在秘教學說裡有個講法，「人的一生不過是靈魂生命中的一天。」若眞是如此，那麼靈魂便是存在於一個與我們的人格相較之下更大的時間和經驗尺度上。

現在想像一下二一六〇年這個由星座所引發的更大周期。它們被認爲是這些偉大生命一生當中的一天。接下來還有更大的周期，亦即包含十二個星座時代、時間長達2,160 X 12 = 25,920年的「大年」。然而這個周期只不過是數百萬年的時間的一小部份。所以說，有許多的時代存在，而且時代之內還有時代，每個時代都反映了大大小小的進化過程。

譯注：

1. 德日進（Pierre Teilhard de Chardin），1881-1955，法國哲學家和耶穌會教士，也是地質學家和古生物學家。曾在中國工作多年，對中國早期的考古學和地質學貢獻良多。主要著作為《人的現象》。
2. noösphere也譯作「心靈圈」、「精神圈」、「理性圈」或「智域」。此名詞最早由俄國科學家維納斯基（Vladimir Ivanovich Vernadsky）提出，意指繼非生命世界的地質圈（geosphere）和生命世界的生物圈（biosphere）後，地球持續演化的第三階段。德日進則進一步發展noosphere的概念，認為它是由人類的思想、意識和心靈互動所構成的社會綜合體，亦即地球的思維領域。

原注：

3. Ashram這個字來自於梵文，意指為靈性發展而建立的社區。

譯注：

4. 諾斯特拉達瑪斯（原名Michel de Nostredame，Nostradamus為拉丁語名），1503-1566，法國醫師和星象學家，曾以四行詩體寫成預言集《百詩集》（*Les Propheties*），被推崇為有史以來最偉大的預言家。
5. 帕坦加利（Patanjali），古印度哲人，因編輯《瑜珈經》而被稱為「瑜珈之父」。
6. 奧義書（Upanishads），古印度哲學文獻的總稱。

7. 艾麗絲‧貝莉（Alice Bailey），1880-1949，移居美國的英國人，神智學會的代表人物之一，於1919-1949年間書寫秘傳思想著作，並聲稱其教導來自於西藏精神導師迪瓦‧庫（Djwhal Khul）的通靈傳授。「New Age」一詞即是由她於一九四九年提出。

第三章　靛藍靈魂的本質

身爲靛藍靈魂，你在思維、感受和帶有的能量方面呈現出截然不同的內在特質。這些差異對這個世界和未來而言，是許多希望和契機的根源，因爲你帶有的價值觀、對可能性的想像、對生命的體察和尊重，以及對萬事萬物互有關聯的意識，使你肯定生命並尊敬、支持一切眾生。身爲靈魂群組的我們，對世界及其架構將產生更大的影響力，而且將在社會上創造出根本性的變革。

自由

靛藍靈魂的一些基本特質包括：自由、洞察力、眞誠、對成長的需求、敏感、包容、整體性的認知，還有以心爲中心。讓我們從「自由」開始探索這些特質！靛藍靈魂最根本的特質之一大概就是自由。你與內在的聲音及存在的律動相連。你對自己和自己是誰具有強烈的感受。也因此你很難聽命行事，或是去做被告知「應該」去做的事。比起追隨社會上外在或旁人的聲音，你更容易與內在生命調和並追隨內心聲音。結果是，在許多方面你可能會被稱爲「叛逆的靈魂」。它指的不是你主動爲了叛逆而叛逆，而是你不去追隨那些會限制生命的事物。如果你被控制、限制，或遭受來自於外界的壓力，你心裡會有強烈的覺察。如果你遇到這種事，一定會挺身抗拒。

你心裡的抗拒很有意思。這種抗拒可以是外顯的叛逆或一個堅決的「不」字。但你卻往往採取一種更微妙的形式——在心裡說「不」，即使對外是在說「好」。第一種會直截了當說「不」的人，通常會陷入反抗，而且可能花費大量精力來爭取他們的「權利」、界限，或他們重視的領域中任何一種正當的理由。假使你落入這個類別，你的課題就是學著有彈性一點，偶爾將自己擺在一旁，學習以一種平衡的方式去折衷。就能量層面而言，你的心輪與周遭世界必須有更多的互動和關聯，同時還要「緩和」你的太陽神經叢。這不是件容易的事，因爲你大部份的（身份）認同來自於「挺身抗拒」或是「擁護／主張」某些事物。

第二種口「是」心「非」的人擁有截然不同的挑戰，而且佔了靛藍靈魂的大多數。你基本上是個溫和的人。你的太陽神經叢（戰士、鬥士、競爭者）——構成今日大多數人類的前一個靈魂群組一直以來的焦點所在——沒有偏振（polarized），你偏振的部位反而是心輪。從這個角度看來，你比較尊重他人，也比較溫和；你不希望有衝突，而且會試著避免。這帶給你一個根本的挑戰：爲了避免衝突，你往往會附和自己不同意或感覺不舒服的事。你會妥協。你的內在開始分裂，一邊是你外在的言行，一邊是你內在的思維和感受、你深層的認知，以及你對眞相的感知。

這是身爲靛藍靈魂的你受到挑戰的領域之一。今日的社會仍建立在雙魚時代的基礎上。這個時代的缺點之一就是隱藏內在情感和更深度眞實的面具與角色大行其道。而你，就像我們所有人一樣，必須與人相處。你有基本的安全、愛，還有溝通需求必須被滿足。結果是，你爲了在這個社會上生存而必須扮演各種角色或戴上面具。但這些面具總是讓你感覺不對勁。這些角色總是太過侷限。

但有些靛藍靈魂做得到，而且在此同時，還能與內在本質保持聯繫。不過你們當中有許多人卻與較深層的自我失去了接觸。你們適應了這種情況——但現在有了分裂——於是你們的本質退縮了。這導致你活在一種持續不斷的身份認同危機裡。你可以扮演各種角色，卻不曾感覺自在，你甚至可以將角色發揮得淋漓盡致（因爲透過這個角色，你發揮了許多聰明才智和創意），但你就是沒有眞正從它那兒獲得養份。

你們有許多人情非得已地接受了這個角色，然而在表象之下，你們叛逆的靈魂卻抗拒它的虛假和侷限，而且還可能蓄意破壞。對許多靛藍靈魂而言這是個大哉問：你要如何破壞你所扮演的角色和你所處的局面？

由於這一切表裡不一的角色、面具和身份，許多靛藍靈魂正與他們的社會地位、成功，以及外在成就進行著對抗。你要嘛無法扮演角色，要嘛找不到願意扮演的角色，再不然就是正在扮演一個你想對抗和破壞的角色。

因此對靛藍靈魂而言，主要的課題之一是認識自由和個體性的正確意涵。它們有不同的階段：

- 爭取自由，或進行抗爭。比方說：我可以反抗專制的社會，也可以反抗威權管制。這是第一個階段。
- 下一個階段就不同了，它不是「對抗」的自由，而是「爲了爭取」的自由。它與「你看重什麼？」有關。你不是在對抗某種事物，你是在試圖創造你重視的某個新事物。你是爲了你的夢想而活。
- 最後，還有更高階的自由——展現眞實自我的自由。不受你的人格架構中的侷限面向束縛的自由。那麼，無論外在世界有多少限制——它永遠會受到限制——你的意識都會是自由的。

靛藍靈魂是夢想家

夢想是在靛藍靈魂內心深處迴盪的音符之一。你對於帶來某種「新」的事物、某種你覺得「更好」、更能肯定生命的方法具有深刻的理解。你渴望更高的可能性。或許你從小到大都一直看見可能性。

也許當你還是孩子時，你總是在問，「爲什麼我們非得這麼做不可？這麼好像很多限制，這麼做似乎很不尊重人，爲什麼？我知道有更好的方法。」你已經意識到更好的方法了，而且更好的方法確實存在！當你提出勸說時，可能一直得不到支持。你可能覺得自己是在黑暗中哭泣的寂寞聲音，因此你可能已經學會不去信任你的洞察力。但是無論你多麼地質疑或反抗，這些聲音都不會離開。這是創新的精神在召喚你。

有時我們看不到新的事物，只能對舊有的感到洩氣。我們不知道新的事物是什麼，只覺得自己動彈不得、焦躁不安、心懷不滿。你觀察社會的制度、組織和相關形式，敏銳地覺察到這些形式的限制和束縛。能看到這些是好事，因爲它使你不致陷進這些集體形式之中。但這對你也可能具有破壞性。你的心智可能會陷入負面的迴圈。然後你只看見問題，卻不去思考該怎麼做才對。你把心思擺在困境上，而不是放在尋求解決之道上。

如果這是你的情況，那麼我會要求你看得更深入點。你的不滿是因爲心靈受到束縛而無法流動。你意識到應該有更好、更不受拘束、更自由、更支持生命的某種東西存在。你的挑戰是去尋找新的可能性和更好的下一步。找出你的夢想然後付諸行動，讓自己變得富於創意、樂於溝通且善於表達吧！

這是非常具挑戰性的。追隨你的心、你的夢想和靈魂是你最偉大的挑戰之一，特別是在面對旁人的不瞭解或遭逢最險惡的逆境時。當你爲了夢想挺身而出，人們總是用各種方式潑你冷水。你可能會聽見：「別作夢了」、「實際一點」、「要腳踏實地」、「活在現實世界吧」、「少天眞了」……，許多負面的訊息會以口頭或非口頭的形式傳達給你。偶爾你會得到支持或找到共鳴，但在很大程度上你是得不到的。

記住，你在這裡的身份是作爲改變的原動力。你在這裡是爲了開始實踐並體現——在你自己的生活中，以你自己的存在方式——某種新的事物。你在這裡是爲了以尊重的方式向他人表達這些理念，而這需要勇氣。

聰明的靈魂、有遠見的靈魂一直投身地球。這些是被燒死在火刑柱上、飽受宗教法庭迫害的靈魂。因此在集體種族記憶裡，你內心對懷抱新的夢想深感害怕。受迫害的恐懼深植在你的細胞裡。在許多方面，這是你必須克服的最大恐懼之一。你的夢想和你的眞理過去一直令你有生命危險，你的保護機制也深受它們的威脅。

然而，今天我們可能是活在——至少在西方社會——有史以來最開放、最自由的社會裡。以前一個與草藥、能量和療癒爲伍的聰明女子，會被稱作女巫然後活活燒死；現在她會在健康食品店裡張貼海報還擁有網站。這是一個不同的時代，一個不同的世道。今天的自由和容忍度令人讚歎。因此我們的侷限和恐懼是基於種族記憶更甚於今日的現實。不可否認的，在某些方面你仍然對環境適應不良，對許多周遭的人來說是個怪人。儘管這可能導致一定程度的排斥、不瞭解、奚落或排擠，但不會危及性命。你應付得來。

而不僅是要應付，成爲築夢者還是你的挑戰和責任。首先，最重要的是去尊敬你內心所見的新事物的種子。你對新的存在方式帶有許許多多的畫面和影像，彷彿你的靈魂對於此刻人類正試圖展現的豐沛可能性有張藍圖似的。你意識到一種使心理和心靈健康的新方法，一種與身體、大自然、物質實體產生關聯的新方法。你看見新的關係形式，新的溝通形式，新的工作、事業和賺錢形式，你對於力量有新的理解，你看見新的社會形態。你對於新的醫學、新的教育、新型態的家庭和政府等等，都懷抱著理想。我想明確地告訴你：你不是腦袋長在半空中的夢想家。你的內心世界帶有對某種事物的認知，就像一張藍圖，標示出生活和存在的嶄新方式。

你就像一顆種子，你的基因藍圖標示了你應該成爲哪一種花朵或樹木。在你的內在意識裡，你對這張藍圖的感覺非常眞實。在某些方面，它可能是你生命中最強大、最具影響力的力量之一。只要舉這個例子就好：試著想像你放棄夢想，過著傳統、保守、沒有任何更高意義或目標的生活。你辦不到的！

那就是新事物的力量，那是夢想的力量在召喚你。你是一個夢想家。傾聽你的夢想並且信任它。在你的感覺和思維中給它空間，在你的行動、關係和言談中給它空間。這麼做，你將使這個世界往前進化！你正在替環繞這個星球的思想層面建立新的思想形式。你在環繞這個星球的能量世界裡創造新的情緒、能量振動和結構。認出你身爲建造者的影響力。你，連同許多人，正在打造新的頻率、新的典範和內在的能量狀態，而日後那些能量將展現爲外在的形式與結構。

對眞相的直覺感應

另一個對你來說很重要的領域，我稱之爲「眞相的直覺感應」。你可以意識到事物的內在核心。比方說，一個人也許說著「哈囉」，而且面帶微笑、舉止和善，但你可能意識到這個人戴著面具、內心苦楚。你也許看見一個人慷慨大方，卻意識到他私底下是個善於操弄或詭計多端的人。在你心中，這種「眞相感應力」根深蒂固。你

「熱愛眞相」。當眞相出現時，它會使你的身體感覺神清氣爽，也會使你的靈魂歡欣喜悅。

活在一個充滿欺騙和謊言的世界是你面臨的挑戰。我們生活的社會奠基於表相，而非眞相。我們自幼就被要求呈現出特定的舉止，以及特定的面貌。這導致我們有許多人必須壓抑感知眞相的能力。我們必須壓抑自己的感受。也許我們對正在發生的某件事感覺不舒服，但是爲了控制局面、避免額外的摩擦，我們必須露出笑容，粉飾太平。

我們最大的損失之一是我們有許多人和感知眞相的能力失去了聯繫，至少在意識層面是如此。也許我們被自認爲該有的舉止，或一直被教導要乖巧聽話的方式給困住了。也許我們戴上了眼罩。我們可以看見別人的優點，但我們的濾鏡卻阻礙我們看見那個人身上的破壞性模式，結果反而使自己受到傷害。

我們不想看見讓自己不舒服的東西，但我們的挑戰就是去認清光明與黑暗並存。人類帶有種類廣泛的能量，來自十分明亮而美妙的靈性層面到非常黑暗濃稠的駭人能量都有。我們多數人已經學會了不去看黑暗面。但它就在那兒。它正在運作而且具有影響力。因此你的挑戰裡有個重要的部份是鼓起勇氣睜開眼睛，睜開你的「第三眼」，去看清楚眞相究竟是什麼。對你自己也是如此。

我們都不想去看自己的黑暗面。我們有許多人也害怕去看自己的光明面，因爲它意味著我們可能會引人注目。我們害怕承認我們的智慧、我們的力量、我們的夢想、我們的愛，以及我們的靈性。

看清眞相教人耳目一新。如果你看見問題並正視它，你會知道問題所在，而你可以有所行動。如果你否認問題還加以粉飾和掩蓋，那麼你只是把它掃到地毯下面讓它惡化，並引發出更多的問題而已。

反過來看也是一樣。如果你跟眞相打交道，你就是跟自己和他人內心深處的眞相打交道。就某種意義而言，「眞相等同於親密」，因爲如果你光明磊落，其他人也坦坦蕩蕩，那麼彼此就能眞心相待，而不像一般情況那樣戴著面具遮遮掩掩。親密感怎麼可能出現在面具之間呢？這就像兩個穿著中世紀盔甲的騎士試圖擁抱彼此一樣。當你被隔絕在盔甲和防衛後頭，你們怎麼可能親密呢？

因此，身爲靛藍靈魂的你正進入一種新的關係層面：一種以正直、眞誠溝通，與隨之而來的親密感爲基礎的層面。變得眞實意味著卸下你的城牆和面具，讓你的自我被看見，而且變得容易受傷。於是眞相、誠實、親密和脆弱，全都深深地交織在一起。你尋找的是這種形式的關聯，其他的都無法滿足你。

對成長的深切渴望

你感知眞相的能力與所有靛藍靈魂內心最深層的需求和想望有關，亦即你對成長的渴望和使命。你對自己和世界現狀沒完沒了的不滿足感既是祝福也是詛咒。有部份的你始終知道自己可以透過千百種不同的方式更有愛心、更有活力、更善體人意、更有力量，更這樣，更那樣。確實如此。你的靈魂召喚你變得更好，你的靈魂要求你全力以赴。在許多方面你持續地鍛鍊自己，挑戰自己，督促自己精益求精。

我形容它既是祝福也是詛咒是因爲，一方面這個祝福是：透過全力以赴你確實變得更上層樓。在這個過程中你使自己重獲新生，也使嶄新的存在方式和有別於過往的人性得以產生。因此你的使命和你對成長的強烈渴望，在許多方面，都是你在打造新人類上所能做出的最大貢獻。

然而詛咒卻是：你經常對自己感到不滿。我們有兩種絕妙的內在次人格[1]，「批評者」和「完美主義者」，它們會因爲你的不完美而隨時準備揍你一頓。它們還會拉進第三種名爲「督促者」的次人格，然後冷酷無情地迫使你不斷改進。在舊社會裡，督促者的力量集中於世間功名和外在成就。對靛藍靈魂而言，督促者則會鞭策自己更有靈性。你或許不太在乎功成名就或賺到數百萬美金（如果你已經有了當然也不會介意！對我們許多人來說，內在成長和外在成就緊密交織。），你反而比較在乎更高的眞實性，有一顆更開放的心，更充滿活力，更眞實不虛，更有連結……等等。

因此你的任務是學習在禪學裡被稱作「無爲」的美妙藝術：無爲而無不爲；投入全部的精力，然後徹底地放鬆。它意味著試圖打造一個新的世界，看見一個美好的未來，並付出百分之百的力量去創造它，同時心無罣礙地接受現狀。我們要學習接受和享受一切的限制及不完美，即使我們正在努力改變它。

問與答

以下時間開放給各位提問和分享。

Q：我擔心我的下場會跟約翰・甘迺迪一樣，我想知道這種感覺只是我個人的恐懼，還是一種集體的恐懼？

A：我們的集體潛意識對迫害抱持著強烈的恐懼：太有創造力、太聰明、太過眞實都不安全。回顧我們的歷史，看看耶穌、蘇格拉底、甘地、金恩博士……這些說出眞相的偉人有過什麼樣的遭遇。你的恐懼是非常實際的。

儘管我們今天仍有恐懼的理由，但情況已經比過去要好上許多。因此這些恐懼回應的與其說是今日的現實，不如說是來自於過去的陰影。它們透過集體潛意識傳遞，也可能透過基因或前世記憶。這些恐懼也源自於一種與生俱來的擔憂，擔憂自己與同儕團體有所差異而招致批判。

就我個人所見，你的活力並未充份展現。你好像浮在自己上方，雙腳並未紮實地踩在地上。這可能是由強烈的迫害恐懼所引起。在心存這種恐懼時，我們就不完整。我也看出你是一個熱情的人，你有說出眞相、活出眞相的強烈使命。那種迫害恐懼正在抑制你的行動和生活，使你無法展現完整的自己。克服這些恐懼，作出眞正活出自己的決定，這將會是你的一大進展。

Q：我害怕承擔個人責任和力量，如果有了力量，我好像就會犯錯。

A：爲了協助改變事物——在社會的過渡時期擔任改革的原動力——靈魂會帶著使命感投身地球。我意識到這並不是你第一次在集體轉型的時刻這麼做。那些早期的時代更加稠密，人類載具不像今日這般進化，本能的力量也比較原始。這導致許多非常聰明的靈魂因爲進入較爲稠密、粗糙的載具而困陷，並以不怎麼高尚、慈愛或和諧的方式，使用他們的力量、攻擊性和聰明才智。在這個星球上生活過的光行者幾乎都誤用過力量，也因此受到煎熬。你內在那股粗糙未開化和強大的力量想要掌控一切，即使你意識的其他部份將因此受苦。

我想身爲光行者的部份課題是學著去接受、寬恕和憐憫我們的不完美，然後鼓起勇氣再次投入。在願意竭盡全力的同時，也知道我們會犯錯。不必爲你的錯誤擔憂，這個星球上只有不完美的光行者。讓我說得更明確一點：當靛藍靈魂進入這個

「新時代」時，我們會因爲我們的意識、我們的科技和前所未有的知識成長，內在擁有更多力量。我們許多人喜歡把「新時代」想像成一個充滿愛、光，以及歡慶的時代，然而我想說的是，除此之外它也是一個充滿力量的時代。我們的任務是有創造性地、帶著愛和智能去運用那份力量，而不是去迴避它。我們是有力量的人，隨著我們的進化，我們只會變得更有力量。我將靈性成長視爲控制更高階的能量和力量，並學習以更高的愛和智慧去處理它們。

Q：我的感覺是，即使在今天還是有許多光行者誤用他們的力量。雖然是出於好意，但他們還是誤用了。我希望我們可以注意一下這種情形，並以一種更誠實的方式來處理它。

A：身爲人類，我們其實從未眞正處理過力量的問題。如果你觀察今天世界上的政治局勢，會發現它是大男人主義者爭權奪利的一場遊戲。即便在我們所謂已經擺脫蒙昧的現代，外頭有多少政客稱得上受到我們眞心的尊重和崇敬呢？這些充滿自我、支配和權力的力量依舊與人類深刻糾結。而我們在政壇上所見的，正一模一樣地在靈修圈子裡運作：自我、競爭、支配、比較……等等。仔細檢視教會，你會發現它的歷史充滿了不斷的權力鬥爭。

而我們爲什麼只因爲處於新時代又帶有些許新的能量，便以爲能自外於這一切？我們不能。各位新時代和世間的光行者們，關於力量我們還有許多要去學習，而我們的挑戰之一就是：當我們進入更深層的誠實和眞理的這個時候，開始檢視自己的力量／權力問題並且處理它。

Q：你提到真理，但我不是很能領會。請問真理是什麼？

A：讓我們這麼說吧，此時此刻，眞理應該是你在這種情況下，內心對眞正感覺到、眞正看到的東西的一種意識。它並非「終極的眞理」，它甚至不見得是對的。我們可稱之爲「傾聽內在」。它就像你朝內張開你的耳朵，然後聽見你內心正在訴說或正在感覺的東西。接著你開始認知到我們的回應和感受也有許多層次。比方說有人問你，「你想這麼做嗎？」有部份的你可能會覺得，「喔，是啊，沒問題。」可是當你更深入地檢視時，你會注意到你的肚子有些不舒服，而當你開始有更多領悟時，你會發現你並不是眞的可以接受。你不想說出口，也許是因爲不好意思，也許是擔心傷害他人或什麼的。所以藉著向內傾聽自己，你穿透表層，並開始覺得自己內心深處的感受和認知或許並不是那麼地舒服。

接著，這種對眞理的認知有一種溝通的方式。與其說，「眞理是……（這聽起來好像是全能的上帝在賜予終極的眞理）」，我們改口說，「我的眞理，此時此刻就我所知是……」

我在任何情況下都能要求「上帝帶我走向真理」，而且我總是得到清晰的答案。

你與「超越者」（the Transcendent）有這麼直接的連結，而且答案還來得如此清晰是件美好的事。那是你可以珍視和信賴的東西。然而我想給你一個忠告。我會非常謹慎地去相信你所聽見的一切是上帝在直接對你講話。當你與「眞理」同在並且更深入地探索時，它可能會改變和進化。想得到絕對眞理是心智的天性，沒有比「這是神說的，這就是眞理，事情就是這樣」這種感覺更絕對的了。愚弄自己不難，催眠自己也很容易。特別是你，我想提醒你注意的危險之一，就是自我催眠的相信「我剛才聽見的是神、我的高我、我的指導靈，或某個內部權威人士正在講述絕對眞理和終極的眞理」。或許它是。珍視你的洞察力和你所聽見的。同時也要小心警覺並具有辨別能力。

Q：我講真話時總是天人交戰。我意識到我心裡有許多想要貢獻和表達的東西，我有才華，我在某些方面真的很行，可是要我承認或表達它實在很掙扎。

A：我看到兩件事。首先是你害怕爲人所知，害怕引人注目，因爲你脫穎而出的那一刻可能會遭到貶損。「不要太突出」、「不要不一樣」、「不要太醒目」、「千萬不要比別人更好」，這些幾乎是我們細胞裡遺傳的恐懼，因爲這樣會招致危險。第二種恐懼起因於一套文化信念：我們是罪人，我們是錯的，不要自我中心，要謙遜。就好像說「我很棒」在神的眼裡是一種罪行似的。你害怕如果這麼做了就會受罰。所以你需要許多勇氣才能走出這兩種恐懼，進而讓自己發光發熱。

沒錯，然而我心裡還有一股強大的驅動力，有時我克制不了，因為它是那麼強烈地想要去做那些我在這裡應該做的事。有時我會覺得，「這個舊玩意兒幹嘛妨礙我？」對我而言改變不夠快，我想脫掉這件舊外套，它黏我黏得太緊。

十九歲時，我在亞利桑納州跟一個五十歲左右的人學習治療。他在社區裡是備受尊崇的團體領導人、治療師和心靈導師。有一晚我們在餐廳裡聊天。在對話中他以一種非常就事論事的方式回應我們正在談論的某件事情，「我是頂尖的治療師。」他說。我記得我的反應是：稍微往椅背一靠然後心想，「噢，挺自我陶醉的嘛！」接著我檢視自己的反應，我意識到他確實是頂尖的治療師，他在社區裡確實被視爲卓越的治療師，而他這麼說並不是在自我膨脹，只是在對話的過程中以一種非常就事論事的方式講話而已。我意識到基本上他只是講出了事實，而且他很自在。那是我頭一次見到一個人這麼清楚地瞭解自己，尊敬自己，並讓自己成爲眞正的自己。他爲我樹立了一個追隨的榜樣。

Q：我在我的孩子身上看到，真實對他們來說是一件多麼正常的事，這使我對自己要如何教養他們感到謙卑。我能做的只有給他們愛、讓他們成長而已——他們似乎早懂得很多事。我認為老師害怕他們。他們班上有三十個像他們一樣的小朋友，他們會跟老師實話實說，「看看你正在做的事」，而老師們都變得非常害怕又無所適從。

A：我的感覺是孩子們一開始都瞭解眞理，是父母影響他們遠離了眞理。我知道身爲一個母親，你有許多時間傾聽孩子們的本質和眞理，你給他們充份的尊重，不去限制他們或將你的信仰體系強加在他們身上。這並不意味著你很完美，或是你沒有盡全力去教養他們。可是當你做出不恰當的事情時，你會迅速地察覺並試圖改正。

會出現這種情形的原因之一在於：你是養育靛藍小孩的靛藍成人。你的孩子很幸運，因爲他們得到了一個完全瞭解和支持他們的成長環境。我想起紀伯倫那本談到孩童的書──《先知》。他說，「你的孩子不是你的。他們是生命對自身的渴慕所生的子女。他們經你而生，卻非由你而生，儘管他們與你同在，但他們不屬於你。你可以給他們你的愛，而非你的思想。因爲他們有自己的思想。你可以圈囿他們的身體，而非他們的靈魂，因爲他們的靈魂寓居於明日之屋，即便在夢中，你也無法探訪。你可以努力使自己與他們相像，但別設法讓他們與你相像。」

要做到他所說的那樣，需要相當成熟的父母或師長。讓孩子們自由發展，爲孩子們提供所需；避免老是想去包裝他們，讓他們找到自己的路。

你提到學校時，讓我想起了某件事。我不記得確實的數字了，不過在德國服用利他能[2]（Ritalin）的孩子差不多有八百萬個，這是用來對付注意力缺失症的方法。這些非常聰明又精力充沛的孩子裡有很多不是很守秩序。他們和自己、對眞理的更深感受和存在方式是連結並且追隨它們的。可是學校裡的教學模式走的仍是老路。這些孩子使師長無法招架又飽受驚嚇。師長們的反應是試著讓他們安靜、限制他們，或是給他們吃藥。因此學校體系面臨的極大挑戰就是：不要試圖讓孩子們適應學校，而是學校必須轉型來適應這些新的小孩。學校必須爲這些新的靈魂發展出新的教育。

譯注：

1. 次人格（sub-personality）在超個人心理學中指的是暫時出現的人格模式，用以因應某種類型的心理狀態。它與情結類似，模式可能包括思考、情感、行為、生理等元素，一般人大約有十幾種次人格。次人格與多重人格障礙不同，前者只是表象人格或整體的片段，後者則至少擁有兩個獨立而區別的人格，並各自擁有與環境互動的模式。

2. 利他能（Ritalin）是治療注意力缺失症最為人所知的藥品，也是一種中樞神經興奮劑。它能抑制過動兒的好奇心和突發行為，副作用包括易怒、幻覺、失眠、暈眩、憂鬱、沒有胃口，以及性格改變等等。衛生署將它列為第三級管制藥品。

第四章　敏感、全觀思維、真誠和新的靈性

增強的情感和能量敏感度

在上一章，我們開始檢視某些靛藍靈魂的主要特質，我們談到了自由、夢想、真實，以及對於成長的需求。讓我們繼續檢視靛藍靈魂的主要特質之一：增強的敏感度。它意味著你在情感和能量方面有比較深刻的感受。你能意識到自己和他人的情感波動及情緒。而在能量方面，你也能意識到一個人或一個地點的微妙振動。你能意識到來自於大自然、機械、動物等等的振動。你還能意識到表相之下正在發生的「細微差異」——好比一個人是悲傷、快樂或崩潰之類的。這種天賦使你與生命維持更深層的親密感，因為它能使你在關係中更精確地調整自己。

同時，它也帶給你某種挑戰。多數人並未察覺自己的能量面。比方說，在一次互動中發生了某件事，有人因此情感受創。你問他好不好，他說還好啊，沒什麼不對勁。可是你能意識到他們的傷心，他們的崩潰，他們的防衛，他們心裡的某個東西已經改變。你能十分精確地掌握這些能量的微妙之處。然而多數人無法明確地表達，而

且往往會加以否認。

你在溝通或互動中經常感覺不自在，因為你想連結當下的眞實，然而一般程度的溝通，卻是以寧可隱瞞也不願揭露眞相的角色和面具為基礎。這導致許多靛藍靈魂懷疑自己。他們不說，「嗯，我知道這個人受傷了，即使他矢口否認。」反而對自己說，「嗯，這一定是我的想像，也許只是我捏造出來的。」你可能不信任自己和你的感知能力。這使你有些不安。你在直覺層面上反應出當下的眞實，但情勢卻迫使你對表相作出回應。而那是假的，它是一個角色，它不可信賴。

於是你在生活中經常有些不安全感，你認為自己有什麼地方不對勁。其實你對某些事物的感覺再正確不過，只是一直不被支持。就某種意義而言，你要學習的核心課題是信任自己的感知能力。這不是一件容易的事。能量世界浩瀚而精妙，各種不同的力量在其間運作，種類比我們一般會談到的還要多出許多。舉個例子好了，阿拉斯加的愛斯基摩人有二十六個關於「雪」的不同單字：有乾雪、溼雪、重雪、輕雪……他們的語言已經發展出許多微妙的差異來形容雪。

我們所說的語言還無法詮釋能量的細微差異。讓我們來看看「愛」這個字的用法。當有人說「我愛你」時，這個字可以有許多微妙的差異。有人基於一種充滿保護的父愛而說他愛你。有人在另一個時刻說他愛你是因為有求於你。有人或許會說，

「我愛我的新車。」愛存在著這麼多微妙差異，但我們往往無法理解這些細微的差別，也無法以言語來表達我們的理解。因此我們面臨的挑戰是信任自己的敏感度，信任自己，並學習認知。認知意味著讓這些微妙的感覺進入我們的心智、我們的意識，亦即我們的眉心輪，那麼我們便能明白地指出：「它有這種或那種特定的性質。」

這種敏感度的開啓是對應眉心輪上部脈瓣的發展。我們之前講過眉心輪有兩個構成要素：上半部和下半部。下半部的構成要素是善於分析的、理性的心智。上半部的構成要素則是直覺的心智，它能洞察事物並感知到不同種類的能量流。我們就是透過眉心輪的上部脈瓣，意識到位於我們所知的外在世界背後有個內在世界。

我想詳細描述一下我先前提過的主題：自我反省的能力。人類當前最主要的發展任務之一，是更徹底地開啓上部眉心輪，特別是開啓更深入檢視自己的能力。通常如果你問一個人，「你覺得如何？」他可能會說，「我覺得不錯。」而他察覺到的也確實如此。但身爲局外人的你卻知道事情不只如此。這是因爲他們沒有向內更深入檢視自己的能力。

這種自我反省、自我覺察的能力，隨著靛藍／寶瓶能量的來臨而在許多人身上快速開展。這使我們面臨一整套必須透過訓練和理解才能夠正確掌握的新挑戰，而其中之一就是當眉心輪開啓時，你會意識到能量的眾多和種類。許多人可能因爲能量的超載和情緒的影響而痛苦或苦惱。你接收到的，多過於你能應付的。比方說，你可能跟一群人在一起，然後開始覺得不知所措、困惑或精疲力竭。這可能是許多能量同時運作的關係。所謂「自我覺察訓練」的重點在於：有能力去瞭解在你心裡和周遭運作的許多力量，並且能清楚地分辦這運作中的許多不同能量形態。在這類訓練的更高階段，你會學習到如何有意識地處理和控制這些能量。

全觀思維

隨上部眉心輪開啓的另一種特質是不同類型的思考。由於缺乏更恰當的字眼，我們姑且稱它爲「全觀思維」。全觀思維可以感知事物的相互關係和它們如何影響彼此。現今世界上有個全觀思維的好例子，亦即「綠色運動」（Green Movement）。綠色運動是對人類生命如何與地球生命、與大氣、與海洋相互依賴——一切事物如何建立關係、如何產生連結——的一種覺知。

我們在自我中心的開發商身上見識到全觀思維的對立面，這些人可以爲了短期的利潤和私人利益而摧毀雨林。當然，在特定的情況下總有例外，但大體而言這些人目光短淺。他們只看見眼前的好處，卻無法覺察可能導致的後果。他們對更大的佈局視而不見。這些人並非自私或貪婪（當然他們多數人是如此），而是有另一個因素在運作。在他們身上，眉心輪不是封閉就是戴了眼罩。他們到目前爲止還沒有能力去領會更大的佈局。

許多人現在正經歷眉心輪的開啓，也開始理解到萬事萬物更廣泛的相互關聯。他們看見彼此的互聯關係：「我」如何被來自四面八方的事物所影響，而「我」又是如何影響著四面八方的事物。這引發了身份（identity）的擴張。比方說，我開始認爲，「我是地球和地球生命的一部份。我不太確定我是獨立的實體，因爲我與地球生命的關聯甚深。我在哪裡停止，而地球又從哪裡開始呢？」

這種思維正改變著世上的許多事物，因爲你一旦開始這麼看待事情，當別處正在傷害地球時你就無法袖手旁觀。如果人們在非洲餓肚子，身在美國或歐洲的你或許不會直接面對，可是它正影響著我們，它會影響世界氛圍的情感趨向。這種覺察使我們以前所未有的廣度來關心地球和他人。我可以大膽地說，靛藍意識最偉大的貢獻之一，就是承認地球是個活生生又相互關聯的系統。

想想看，光是過去五十年間，或甚至更短，四海一家的互聯意識就已經在地球上擴展開來。如果再想想一、兩百年前，國家幾乎只存在於各自孤立的泡泡裡。只有一些小小的交通路線，經由道路或航線抵達另一個國家，而且交易量少之又少。看看過去一百五十年（我不確定是一百五十年還是兩百年），我們先是有鐵路，然後汽車又造就出龐大的道路系統。我們發展出可以迅速穿越海洋的蒸氣船、遍及地球各地的空中運輸、電報、電話、收音機、電視機，如今還有衛星和數據通信網路。

在非常短的時間內，我們已經在地球上打造出許多前所未有的互聯形式。這些外在形式符合我們內在意識的開啓。我們的想法更爲全面，我們以地球的層級來思考，我們覺察到彼此之間的相互關聯，我們也覺察到正在影響我們的事物，以及我們在許多方面所造成的影響。

這種全觀意識將會發展得更爲蓬勃。我們有些人的思考仍舊非常以個人爲出發點：「這是我的人生、我的困境、我的問題。」漸漸地，你會開始認清發生在你身上的事情，反映的正是發生在世界各地的事。比方說，這年頭有許多人因爲男／女角色的舊有形式正在改變，而在人際關係方面遭遇困難。然而我們多數人並不清楚那些「我和你在我們的關係中」遭遇到的問題，其實是全球意識轉變的一部份。人類能量中心的轉變其實是意識集體運動的一部份，它正在改變人們的人格、身份、角色、關係……等等。我們過去經常用來建立關係的方式必須改變。我們在關係中定義個體的方式正在改變。我們在溝通上面臨挑戰的方式也正在改變。

我們所謂的「問題」，是正在改變數百萬人進化能量的龐大運動的一部份。就像在澡缸裡，如果你來回撥動你的手，水會開始飛濺。如果你把自己想像是從地球上方注視，然後把地球當成一股能量勢力，你會看見地球上有許多能量波正從這個方位移往另個方向。這些波是由能量、心理和情感物質組成。這就是全觀感知所帶給你的：你開始將地球視爲一個情感、思維和能量模式的運行系統，它既龐大又充滿活力。當你認識這點時，你會意識到它是如此強烈地影響著你。

這種認知會朝兩個方向發展。當你意識到你與整體的相互關聯和它對你的影響時，你也會意識到你對整體的影響遠大於你所瞭解的。因爲發生在你身上的改變會向外興起漣漪。你握有的力量越大，你的能量引發的漣漪也就越大。這種由全觀感知的覺醒所間接造成的影響之一，就是個體力量的增長。

全觀思維和心輪

全觀思維的開啓不僅發生在眉心輪內部，也發生在心輪內部。心輪意識，亦即經由心輪而開啓的意識狀態，對生命抱持著深切的敬意。舉例而言，如果有人跟你說，「去傷害地球吧！」那你肯定辦不到。這會令你難過，因爲有部份的你感受到你是如何地與地球產生連結，而你的生命又是如何地與地球生命彼此關聯。這麼做像是在傷害自己。這種感覺會透過心輪的開啓而產生。有許多文化一直抱持著心輪意識，特別是一些原住民，當然還有在所有文化中的許多個體。但總的來說，大多數人類在與較大佈局相關的心輪方面一直比較封閉和靜止。第三脈輪或太陽神經叢——位在心輪的正下方——相形之下還顯得活躍一些。

第三脈輪的下半部與權力、行動、侵略、利己和自我有關。在第三脈輪意識中，個人的利益最要緊；他人的福祉只有在對自己有利時才重要。以進化的觀點來看，第三脈輪的進化階段是必要的發展步驟。然而我們目前正在脫離這個階段。對其他生命的重視反映了心輪意識的快速成長。當我們處於心輪意識時，我們無法傷害他人，也無法傷害動物或植物。我們內心有一種理解和共鳴，亦即他們的痛苦就是我們的痛苦，而這正是心輪被稱作合一脈輪（Unity Chakra）的原因。通過心輪我們能領會到根本上的和諧，也能領會到我們是一個整體。我們不再分離。

在集體層面上，這種尊敬和重視生命的意識仍相對新穎。進化的基本特徵是，新的感官能力往往還未與整體心靈取得平衡便已開啓。因此，心輪的開啓爲我們帶來了某種挑戰和難題。有許多靛藍靈魂朝心輪偏振，而在過程中「關閉」了太陽神經叢。

這意味著你變得溫和可親，卻失去了支配力量的能力。你可能很容易被他人的力量所凌駕。你可能很容易將自己的力量交付出去。或者，你可能不太容易堅持自己想要的事物。

第二個問題是，爲了讓一些有建設性的事物出現，力量有時必須具有破壞性。因此對許多靛藍靈魂而言，重要的課題在於整合你的心及力量：變成一個有愛心又有力量的人，變得既溫和又堅強。

在成長工作中，我們以一種特別的方式運用同情心、同理心和慈悲心這三個字。讓我們舉個例子來說明：想像一個人因爲處於依賴模式而受到傷害。他／她亟需別人的注意，而且老是死纏爛打。其他人覺得透不過氣來，便將他推開。這個人於是覺得遭到拒絕，並怪罪別人不愛他。

對於此人的痛苦，有同情心的反應可能是感到遺憾，甚至替他們惋惜。同情心可能會說：「可憐的孩子，他拋棄你實在太糟糕了。」

同理心的意思是，如果你痛苦，我也感受到你的痛苦，我與你的痛苦共鳴。我不只是遠遠地爲你感到遺憾，我也感同身受。同理心可能會說：「我知道那很傷人。我感同身受。」

慈悲心則是在同理心之外帶進了理解力和清晰的思維。慈悲心可能會說：「我感受到你的痛苦，也知道你很受傷。有些話我不好說出口，你也不容易聽進去，可是我看你一而再、再而三地被同樣的事情絆倒。你把自己交給別人，期待他們替你做主，如果他們沒有，你就覺得被拒絕。我覺得你會待在同樣的模式裡一再受傷，直到你面對這個問題爲止。」

慈悲心爲潛在的問題帶來愛和理解。它協助人們面對問題並且成長。慈悲心與眞實有關。它在當下可能造成更大的痛苦，因爲檢視我們的模式令人難受。然而唯有檢視它們，模式才能改變，事情才有轉機。有時，慈悲心得靠我們在創造圓滿的過程中引發痛苦才能成就。

我們必須爲自己的話語可能傷及他人而承擔風險。但是以愛言說的眞理，足以療癒所引發的痛苦。之所以痛苦，是因爲我們揭露了一直被隱藏的傷口。之所以痛苦，是因爲不屬於我們本質的面具或角色被撕碎。想想看，把一個人留在那些泡泡裡，留在那幾堵牆後面，長期下來對他們的傷害將會更深，因爲躲在角色、面具和高牆後面使你無法成長，這個人可能會在同樣的重複模式和痛苦中度過絕大部份的人生。佛陀說過一句很棒的話：「謊言起初是甜美的，但結果是苦澀的。眞相起初是苦澀的，但結果是甜美的。」

因此，當我說你正在學習整合力量和你的心輪時，我的意思是你必須學會以坦率待人、努力追求、堅持自我的方式來運用太陽神經叢，可是在過程中仍充滿愛心、樂於助人，而且溫和。

以更廣闊的視角來看，人類長久以來一直朝著第三脈輪的力量偏振。這些能量目前正擺盪至另一端以心輪爲中心的溫和特質。這是我們迫切需要的。你帶有溫和的特質，但是你並不平衡；你往往缺乏打造成功人生所需要的力量。你必須更直接，有時必須更勇敢地面對。你必須說出更多眞相，並挺身捍衛你的想法和見解。你必須有勇氣去追求那些你想要的、你相信的。你已經往心輪偏振，這是一件美好的事，然而你也失去了某些由力量中心所帶來的力量特質。第三和第四脈輪必須整合。正在開啓中的人道主義價值觀和敏感度，必須與你的力量作整合。隨後它們將共同創造出強而有力的生活方式和行動，使你的價值觀在生活中產生影響力。

強烈的靈性渴望

心輪與頂輪有關，它的開啓會影響你的靈性層面。你會在生活中意識到心靈的可能性。你會有一股對靈性的渴望。同時，你叛逆的靛藍天性不願受到控制、遭到侷限，或是被告知該如何思考。那部份的你會反抗傳統宗教的框架。你們都熟悉「別將嬰孩連同洗澡水一起倒掉[1]」這句諺語。我們許多人在對抗限制性的宗教架構時，也拋開了我們的靈性。擁有你的靈性本質極爲重要，在自我發展的過程中它是必要而且重要的組成部份。你對靈性的渴望十分強烈，找到一條可以遵循的路對你來說是不可或缺的。

在某種意義上，靈性對你將是一段非常私人的旅程。它是向內的觀照，向內的傾聽。它是一場你與自己的實驗。你正學習透過自我探索和自我發展來開啓靈性之門，而非遵循既定的道路。過去的靈性是以情感和教條爲基礎。在許多方面，它要求你將理智擺在一邊：你被教導去相信，而非質疑；你被教導去遵循，而非找到自己的路。但我們不再是追隨者。我們不想因爲有人要我們相信，我們就照辦；我們想要瞭解，我們想要思考，我們想要資訊，我們想要自己做決定。這是偉大的一步——我們開始變成有智慧的人，我們開始變得成熟。

我再說一次，進化極少處於平衡的狀態。我們在這個過程中變得過份重視智力。我們許多人已經拋棄了自己感性、激昂、神秘和虔誠的一面。在某種程度上，我們的想法變得理性、重視智力、細緻嚴謹而好批判，但我們卻與神秘主義者、狂喜追尋者、經驗主義者，還有我們的熱情失去了聯繫。目前我們正學著去找到一種包含情感和理智、直覺和智力、邏輯和神秘主義、先驗和世俗等對立面的靈性形式。

我們正在學習一種全新的靈性形式。在某種意義上我們必須當個拓荒者。我們是新的人類，在我們的能量系統中有新的能力正在開啟，在腦部和心靈中有新的部份正在覺醒，我們的能量藉著新的情感、新的思維和新的方式而流動。我們通往內在發展和靈性的道路，必須反映出發生在我們身上的改變。我們的靈性是極其強烈的渴望。我們必須瞭解它、緊緊跟隨它，並賦予它一個能夠開花結果的形式。這類靈性必須包含敏感、全觀思維、相互關聯和愛的力量等新興特質。它將創造出一個通往心靈的新方法，一種新的靈性。

問與答

Q：卡比爾，先前你曾提到我的需求、我對它的反應，以及源自於這種需求的痛苦，這些我理解了。但是我該如何駕馭、如何應付這些需求呢？渴望有個女人是很自然的，這是否意味著我應該放下這種渴望？

A：問題在於你的心輪正在開啟，而隨著心輪的開啟，你連結心臟中心的腹部中心也會跟著開啟。腹部對應的是我們對親密感、歸屬感和安全感的情感需求。這些需求是自然、正常，而且必須被滿足的。

不幸的是，我們多數人並沒有理想的童年，我們的腹部有許多未被滿足的需求可以一路追溯至我們的童年。這些未被滿足的需求是稱作「受傷的內在小孩」情結的一部份。現在，作爲一個成年人，當你的心和一個女人相連結時，你的腹部也會變得活躍，而受傷的內在小孩則會帶著他未被滿足的需求現身。於是你非但不是一個對女人敞開心房的成年人，反而成了一個對女人欲求不滿的小孩。這會導致不同層次的痛苦：有些來自於未被滿足的需求；有些從過去以來一直在那兒；有些則是由正關注著你的需求的成人部份的你所引起。你失去了對自己的尊重，並因此而感到羞愧。

我們許多男人面臨的問題是，身爲男人，我們該如何處理童年時期未被滿足的情感需求？實際的狀況是，我們確實有個欲求不滿又受了傷的內在小孩；我們要如何以健康的方式去處理它，同時仍保有尊嚴、自尊和力量？

對男人而言，這是重要的內在修持。儘管獨自一人或有伴侶都能進行，但最好是在一個受到監督的環境下，與優秀的治療師進行。我在這兒能做的只是勾勒出基本的過程。這個工作集中在第二（臍輪）、第三（太陽神經叢）和第四脈輪（心輪）。我們必須以一種結合心輪、同時擁抱我們的內在小孩和需求，又不讓它們佔上風的方式來開發第三脈輪，亦即我們的力量和自主性。

啓動這個過程的好方法是藉由談論這些感受，開始給內在小孩空間。它會將你的脆弱和眞實帶往新的層次。當你這麼做時，內在會啓動一個分離和去除認同（dis-identification）的過程：現在你心裡住著一個成年人，他展現出超然而成熟的新姿態，還可以對自己的需求和內在小孩侃侃而談。

這種成人意識屬於第三和第六脈輪的層面。你開始感覺到自力更生和獨立自主的新層級。現在，別去否定你的情感需求或你的內在小孩，而是以更健康的方式去照顧它們。你成了自己的內在小孩的父母。當你做到這點時，這些需求的「音量會降低」，而你內在的成人和你伴侶內在的成人也有了連結的空間。這會引發出一種更健康的關係，在這段關係中兩個獨立自主的成年人有了連結，他們各自擁有一個欲求不滿的內在小孩，而他們也各自照顧他們自己的內在小孩。一方面，這在你們兩人之間創造出自由和獨立，同時也創造出一種更強烈的親密感和更深刻的溝通。

當第三脈輪的力量增強時，個體的影響力便會開啓，能量將可由第三脈輪移往心輪，而你也會找到深切去愛的力量和勇氣。

集體幻覺使我們以爲愛對我們是一種自然的狀態，而我們的心會理所當然地對自己所愛的人敞開。對我們多數人而言，特別是男人，儘管我們確實會愛，**我們的心卻躲在防護牆後面**。太陽神經叢的力量能帶給我們勇氣，使我們敞開心房，變得脆弱。因此深切去愛的能力，是太陽神經叢的力量與心輪整合的直接反映。

這給許多靛藍靈魂帶來難題。他們許多人並不想和權力共事。我們已經見識過許多與權力有關的黑暗面——濫用權力、自私自利、本位主義，我們想要的是溫和、慈愛、寬容的靈性。然而這種不平衡卻引發了上述問題。於是我們想知道自己何以把關係處理得一團亂，何以如此依賴，如此受傷。所以要提昇到愛的層次，我們必須向下檢視，我們要和我們的內在小孩及我們的太陽神經叢做朋友，還要整合我們的需求及我們的力量。然後我們會從以下兩個脈輪得到最精華的部份，亦即：由臍輪帶來的溫暖、感官享受和親密，以及屬於太陽神經叢的力量和個性。它們都將被帶進我們的心輪，使我們擁有成熟的愛的能力。

Q：為什麼在太陽神經叢上的修持是必要的？變得獨立自主，有自己的工作，能自食其力，還是什麼？

A：當然是以上全部，但必要的不光是這些。你必須學會支持自己，學會在你想要的、你感受到的事物上堅定不移。這與有勇氣活出眞相、踏出我們多數人居住的安全地帶、承擔風險、跳進新的事物大有關係。它意味著有勇氣在必要時接受衝突，不會因爲害怕衝突而崩潰。另一個層面或許更爲重要。它與面對令我們深感恥辱的創傷和無價值感有關。這些模式極具毀滅性。它們在許多方面破壞我們。也因此，充份發展太陽神經叢，意味著找到去面對和探索的勇氣，並和我們的無價值感及愧疚合作，然後療癒它們。這會使我們對自我價值和內在自尊擁有嶄新而健康的意識。

Q：你說這個世界被太陽神經叢所支配，我們會改以心輪為中心，可是你確定嗎？當我檢視這個世界發生的許多事情時，似乎看不出我們正在轉變。

A：毫無疑問，當你看著這個世界正在發生的事情時，確實會令人納悶，不是嗎？它確實會令你懷疑我們是不是在退步。然而，是的，我確實相信我們變得越來越好了。這個過程看起來就像是前進兩步又倒退一步。雖然我確實在這個世界上看見許多權力的誤用、自私自利和小我作祟，但我也看見許多善心陸續出現。我在這個星球上看見許多溫和而自覺的靈魂。而我之所以看見，是因爲這些善心的存在，使它們在地球上的密度更爲顯目。

我想到不久之前的美國，人人擁槍自重。一點小事就會大動干戈。謝天謝地，這些事在世界上的許多地方已經不那麼普遍了。這種情形已經大有改善。我們學會去談論我們的相異之處，而非只是對他人暴力相向。我們開始更周全地思考，而非只是自私自利。我們正在發展出一個仁慈又充滿關懷的價值體系，它不僅開始影響我們的個人生活，也被納入我們的集體概念、我們的法律和司法制度。因此，在更大的層面上，我在人類由太陽神經叢移往心輪方面看見了長足的進展。

但是我想多聽聽你的想法。爲什麼你不覺得我們正在發展心輪的特質？

以前我相信人性本善，這個世界可以進化成一個友愛而美好的地方。可是我越來越悲觀了。這個世界究竟發生了什麼事，特別是穆斯林文化，看起來他們是在退步而非進化。靛藍現象似乎只發生在西方世界而非穆斯林世界。你認為這是真的嗎？如果是的話，在這樣的分歧下，我們有可能以整體之姿創造出更美好的星球嗎？

A：你的問題可以分成許多部份，所以我想一個一個處理。首先，我認為靛藍現象正在各地發生，它們的能量正流入整個星球，而非某些特定的國家。在限制較多的國家，靛藍靈魂可能不是那麼清楚可見，他們也處在更大的壓力下。由心煩意亂的靛藍靈魂所導致的失序行為並不罕見。今天我們在世界上見到的許多極端行為，正是由備感壓力的靛藍靈魂所引起。

第二，我認為阿拉伯—穆斯林世界與西方世界之間的問題，反映了我們採取的進化步驟。我先前提過的相互關聯正帶來前所未有的文化衝突。許多一層不變的僵固想法和文化模式正面臨改變的挑戰。已經確立數百年的信仰和生活方式正受到干擾。這理所當然會產生摩擦。而心靈的本質就是寧可做「垂死的掙扎」也不去改變。

第三，讓我們來弄清楚。我們有以《可蘭經》為基礎的伊斯蘭教，有巴勒斯坦人和以色列人的困境，還有基本教義派和極端主義份子。

先從穆斯林傳統開始講起。在世界各地有為數龐大的穆斯林，他們依據《可蘭經》裡意味深長的教誨過著美好的生活。這些人多半不會登上新聞，所以我們耳聞的大多是那些心理失常的人。然而，誠如所有行之有年的傳統，這些教誨是在某種文化情境下產生的。世事多變。如今穆斯林文化面臨的正是如何適應新時代的嚴峻挑戰。

如果我們留意巴勒斯坦的情勢，會發現流離失所的人們擠滿了狹小的難民營。有個用老鼠進行的研究指出，如果群體密度能搭配適量的空間，比方說，每十公尺住五隻老鼠（我不記得精確的數字），基本上牠們可以和平共處。可是如果你壓縮空間，比方說，每公尺住十隻老鼠，那麼暴力、攻擊和心理障礙的比例就會攀升。巴勒斯坦正面臨著許多社會、經濟和政治困境，加上空間的壓迫，勢必導致心理壓力和障礙，於是造成災難的因素便一應俱全。

再者，還有基本教義派的心態，一種正發生在所有文化的心態。基本教義派的想法，無論它的名稱爲何，都無法與改變中的世界一起成長和蛻變。它反映的是心靈上的深層不安／焦慮。這是因眉心輪的僵化連同激烈情緒所產生的狹隘視野和狂熱。

儘管這種基本教義使我們看似退化而非進步，我把它視爲老舊雙魚心態的苟延殘喘。當某個事物走向盡頭時，它會激烈地對抗以抓住已知。

這裡我想再講一件事。我認為作為一個星球，作為一個整體，我們正處於某些非常重要的課題當中，這些課題與我們如何運用力量、如何與他人建立連結、我們的相互關聯、我們的價值，以及我們如何溝通……等等有關。我相信有許多「未完成的學習」正透過穆斯林世界而上演和表達。

中東是經濟、宗教、社會、意識形態、文化等各種集體力量的重要活動中心。因為石油的關係，那兒匯集了龐大的金融勢力。這引來了跨國企業的興趣和它們的西方文化根源，以及失衡又被過度強調的物質主義。其次，這是世界三大宗教的匯集地，它們有各自的利益和態度。然後我們還有猶太人的情勢、歷史和錯綜複雜的後續事件，特別是那些源自於二次大戰的事件。這是許多既得利益團體和運作中的強大勢力正在聚焦的彈丸之地。

我相信要解決穆斯林與西方世界之間的問題，有賴我們所有人在個體和集體層面上擴展我們的視野，並承擔我們應該負起的責任。我們每個人都必須看清我們是大局的一部份，而我們的態度、信念、行為和生活方式又是如何地影響著整體。我們必須肩負起全球性的思考和責任。

我想說的最後一件事，我認為是新時代的幻象：新時代意味著我們變得更有愛心、更和諧、更有智慧，所以事情進行起來應該會更容易。但每一次覺察的擴大，都意味著我們正在處理自己和生命的更大力量。因此覺察的擴大也等於是力量的擴大，和對更大的責任及明智運用那份力量的需求。

因此總的來說，儘管今天世界上充滿了難題和挑戰，我對事情發展的方向確實抱持著希望。

Q：我覺得我是靛藍靈魂，你說的我深有同感。我也透過你的演說瞭解到有許多像我這樣的人，我並不孤單。但問題來了：我要怎麼應付我的日常生活呢？我最近失業了，而且我覺得我是因為我的靛藍天性才失業的。

A：你覺得是哪方面的靛藍天性導致你丟掉工作，而且使你無法融入和適應環境？

有兩個方面。一個和我的敏感有關。我能感覺和意識到許多別人感覺不到的東西。其次是我正在處理來自童年的痛苦和創傷，它們仍然對我面對日常生活造成影響。

你知道，許多靛藍靈魂覺得自己像個局外人。你覺得不適應，你覺得無法融入環境。因為你敏感，所以你感覺到攻擊性、潛藏的負面情緒、某種沒人談論卻一直持續的「東西」在進行著。這使你非常難受。

因此很多靛藍靈魂，往往不幸地處在社會邊緣，當然並不是所有的靛藍靈魂都這樣。有許多靛藍靈魂整合得很好而且很有成就，但也有許多靛藍靈魂仍然非常努力地在適應。因此對你和我們許多人而言，這麼做有其難度，而其中一種處理方式就是別再試圖去適應。有句話說得好，「領導者會打造出他人想要歸屬的世界。」與其把焦點集中在你沒有歸屬感的世界，不如開始去注意屬於你的世界。它是美麗的世界。它是新的世界。它是清新的春日，而能量正在浮現。當你留意這個世界時，你會發現其中有許多心意相通的靈魂。

我也想說，別以為這是在針對你。你很容易就會想說，「喔，我有麻煩了。」、「我會一團糟是因為我爸媽的關係」之類的。是的，就因為你敏感，你在成長階段受到傷害，所以你面臨療癒這些傷口的挑戰。你的挑戰是去找出自己的價值、自己的力量、自己的聲音、自己的真理。所以在這層意義上，做好內在修持吧！我們許多人在傷口旁邊躡手躡腳地繞了好幾年，希望它們也許沒什麼大不了，而如果我們不去在意，並只聚焦在正面的事情上，它們就會自己離開。但在某個時間點，我們會承認自己的傷口，承認我們必須去處理它。接著我們會勇敢地面對，選擇進行深度的內在功課來療癒我們的過去。從你的問題，我意識到你現在已經準備好要跳進去做這份工作了。

你也問道：「那我的日常生活怎麼辦？」首先，記住我們都是拓荒者。我先前提過，開進北海時會衝破冰封海面的那些船隻。你們就是破冰船，你們會開拓出一種新的存在方式。雖然這讓你很辛苦，但這就是你接受的這份工作的一部份。

我們有部份的工作是因爲新舊交會的摩擦而產生的。所以在這種艱困的情勢下，我們必須學會許多照顧自己的技巧。我們必須在自己身上找到獨立自主的新特質，以便學習處理不被瞭解或遭到批判時的情況。我們必須學會駕馭自己不尋常的敏感度，以及如何在被對他人而言正常、甚至令人愉快的事物搞到不知所措或轟擊時，使自己重新回到平衡的狀態。

在某種程度上，你可以將日常生活當成是在訓練靈魂的韌性。如果你一直很敏感卻不去學著控制它，你就無法解決問題。許多靛藍靈魂在保持敏感度和愛心的同時，必須要更堅定、更強悍才行。想像你日常生活中的困境和它們所呈現的其實並不相同。想像這些難纏的傢伙和能量，都是喬裝成你的母親、你的伴侶和售貨員的禪師，他們會拿著禪棒用力地敲你腦袋，直到你學會如何掌控爲止。

最後一件事情是，意識到你目前進行的工作對後來的靛藍靈魂和整體文化而言十分重要。我們許多靛藍成人扮演的破冰角色相當艱難，但是由於我們的工作，靛藍小孩可以更健康而且顯現更多的靛藍天性。我們正在爲新的文化奠定基礎，這是非常值得參與的任務。

譯注：

1. 原文為「Don't throw the baby out with the bath water.」，語出德文諺語，意思是別將無價之寶連同無用之物一併丟棄。

第五章　靛藍靈魂的目標

使命感和目標意識

靛藍靈魂內在最重要的力量之一是他們的使命感或目標意識。你可以在許多方面感知到它：你可能覺得你在這裡是有原因的，或者你有些事情必須進行，內心有某些東西必須展現。又或者，你想對這個世界有所貢獻。無論形式爲何，這種使命感往往是靛藍靈魂內心最強勁的驅動力之一。在許多方面，他們的人生很可能是繞著這個中心點在打轉。

一開始它可能不太清晰。也許只是一種對渴望或欲求的模糊感受。它可能是，「噢，這輩子我想做些比較有意義的事」這種籠統的感受。或者在許多情形下，它給人的感覺不像使命感，而是一種不滿。你對世俗生活、對處處受限感到不滿。雖然這種感覺通常不太清晰，但它可能會以浮躁、一般性的不滿或輕微沮喪的形式表現出來。

無論它以何種方式呈現，這種追求生命意義的意識就位在你的本我核心。你不能只是缺乏意義、漫無目的地活著，也不能只是自私自利地過日子。你當然可以過著「正常」的生活；正常意味著成家、上班……等等，可是在這種情況下，你還是得以某種能夠提昇心靈、合乎心意的方法行事。事情必須具有較高的價值才能讓你覺得你對改善這個世界作出了貢獻。

改善世界的意識對你的目標和使命感而言正是核心所在。也許你改善世界的方法很簡單：不傷害他人，或幫助大家變得快樂一點。也許你的目標意識採取了更強大的形式：你渴望從事一種可以協助大眾，或與環保或慈善有關的行業，或是爲了公眾利益而進行研究。你有一種做出正面貢獻的根本渴望。那種感覺會隨著時間的推移而變得越來越強大。

有些人天生對改善世界熱血澎湃，其他人則是逐步展現出熱情。無論在哪一種情況下，你的人生都會以這個標準來評價。你若是依照使命感生活，它會帶來某種成就感。你會覺得「我過著正確的人生，我正在實踐我來到這裡的目標」。你若是不依照它而活，你會感覺空虛，彷彿少了什麼，那是一種對「生存的不滿」（existential dissatisfaction）。

有一個極具挑戰性的相關主題是：許多靛藍靈魂具有使命感和方向感，但是找不到可以滿足他們的形式或管道。這可能是強烈痛苦的根源。就好像你意識到你心裡有這麼多，想做的有這麼多，可是你不曉得該怎麼辦一樣。又或者你知道該怎麼辦，可是你似乎無法克服這種痛苦。

比方說，我知道許多受過某些自我發展訓練——身體工作、靈氣、心理治療、另類療法等等——的人，找不到足夠的客戶維持生計，最後只好做一些不能滿足他們的工作。你心裡所知道的，和你在外在世界所能實踐和表達的，往往有極大差異。這會是強烈不滿和痛苦的根源。你想盡力活出自我的渴望十分強烈，你的覺察也相當敏銳；如果你無法實踐你強烈覺知到的理想，你會因爲沒有充份發揮潛力或竭盡所能而備受煎熬。

我們先前談過，你的意識是新的、是屬於未來的，可是你的人格是舊的。你心裡對新的生活方式抱有想像和情感，但存乎其中的人格卻是雙魚人格。不僅是雙魚人格，其中還包括了源自於本能的人格，它可以追溯到數百萬年前，而且依然非常原始。它的下部脈輪十分活躍：它自私、權力導向、競爭心強（第三脈輪）、心懷恐懼（海底輪）又貪得無饜（第二脈輪）。它有封閉而好批判的心智（第六脈輪），情緒激烈又反覆無常（佔優勢的情緒體）。

許多靛藍靈魂痛苦地覺知到他們內在有兩個人：一個是更開放、更有活力、有朝氣又振奮人心的較高意識；一個是稠密、情緒化、受限而封閉的人格。作爲一個在雙魚人格和雙魚身體中的靛藍靈魂並不容易！這個巨大的差異在於：你內心最深處的意識所瞭解的，並不是你能在一般的思考、情緒或行爲中可以做到的。

要描述這種狀況，你可以想像自己是一名世界級的賽車手，而且被安排了一輛老舊、破爛到幾乎跑不動的車。你知道自己可以做什麼、應該做什麼，可是當你試圖駕駛這輛車時卻不太成功。

這是許多掙扎的癥結所在：我們沒有活出或成爲我們自知可以成爲、也想要成爲的那個人。這會引發內在極大的苦惱。此外，你的「批評者」還會指出你所有的過失，然後痛毆你一頓。多數靛藍靈魂都有一個強硬的批評者，這使他們因自卑感而受苦。你覺得自己做得不夠，覺得自己不夠好。接著你的「督促者」，你的「靈性督促者」還會藉著使你更加努力工作而把事情搞得更複雜。結果就是你變得神經緊張，而且無論你再怎麼努力，你永遠無法完全成功。好一個惡性循環吶！批評者找你麻煩，督促者督促你，批評者覺得還不夠，於是你就再加把勁……

正是因爲這個理想和現實之間的差距，對靛藍靈魂而言最重要的課題之一就是愛自己：善待自己，溫和地走這條路。懷著你的理想，渴望它們。然後瞭解自己永遠無法完全地達成。你總是無法達到預期效果，但是沒關係，你不是注定要達成它們；你是注定要卯足全力追求它們，但不見得非得達成。當你瞭解這點時，你內在的某個東西就可以放鬆。接下來你就能因爲自己只是地球上另一個不完美的人類而愛你自己，而不是只有在你達到聖人境界時才愛自己。因此在某種意義上，我們可以說你的目標或你有部份的目標是在於追求理想——不是達成理想，而是追求理想。

成為世界矩陣的轉化者

藉著追求理想，你會轉化位在你心智、心靈和能量場中的各種能量和模式。藉著努力處理這些模式，它們會逐漸在你的心裡改變和轉化。先前我們提過「矩陣」。雖然我們覺得自己疏離、孤立，而且正在和自己的問題奮戰，但實際上我們卻是巨大的矩陣和巨大的地球能量場的一部份。

在矩陣中交織著某種振動模式和結構。那些能量模式像「餅乾模具」一樣地運作，而且會壓製或塑造出我們心靈的某個部份。

雖然你已經知道了，但我還是要再次強調，因爲它對我們全都參與其中的意識擴展過程相當重要。在我們出生和成長時，我們的心靈就被集體矩陣內的父母積極塑造。那些模式在你的心裡，也在其他數百萬人的心裡。而它們不只在你的心裡，它們也彼此連結：經由肉眼不可見，但在能量世界中將我們連在一起的能量線，我的模式連結了你的模式。因此，當你渴望並傾力追求理想時，你就是在轉化集體能量模式的一小部份。而且不只是你自己的能量在轉化，實際上你也轉化了世界矩陣的一小部份。

在某種意義上，你的目標有方面是當一名「人類轉化者」。就像老鍊金術士常說的，你在這裡是要「把鉛塊變成黃金」，而那種轉化就發生在你的身體和能量場裡頭。我先前提過，你藉由轉化自己的內在而稍稍提昇了矩陣。數以百萬計的人們正爲了與你相同的問題而努力著——你在你的問題上努力，他們在他們的問題上努力——我們正一起轉化這股透過整體而交織的能量。當你這麼做時，集體能量會開始以較高的頻率振動。它會開始有一種新的、更輕盈的、更支持生命的振動。你會開始將這個理想和住在你靈魂裡的高頻能量具體化，並開始將它們帶進現實的層面。

因此，我們可以說你的目標具有幾個核心要素：

1. **成爲人類轉化者**。

你藉著處理你的問題和模式，也就是你的「老毛病」，而做到這一點。我們許多人都以爲：「如果我是個有靈性的人，那麼我應該感覺良好才對，而且我應該很快樂；這樣才算成功。」我想告訴你，你應該做的其實是經常認出老毛病，處理它，並轉化它。所以你認出的缺點和老毛病越多，你對光明面、對打造新事物所做出的貢獻也就越多。我要特別告訴你的「批評者」這一點，這樣你的批評者就能在你認出另一個缺點時拍拍你的背。然後你可以說：「太棒了，我在當一個行星能量轉化者方面又得到了十個點數。」

2. 具有越來越高的能量頻率。

你的靈魂具有極大的特質和能量頻率。我們正在進行的任務是將較低的能量振動頻率轉化成較高的能量頻率。這個過程的重點在於將通過頂輪而開啓的靈魂品質帶往核心管道，進入脈輪和身體。我們將這個過程稱爲「保持光芒」（holding light）。你在這裡是爲了以能量存有的身份保持你內在的光芒。

3. 抱持並實踐新的生活方式。

你的靈魂對新的生活方式抱持理想。你對新的關係形式抱持更眞誠、更眞實、更有深度的想像。你想像新的溝通形式是以更坦率眞實的方式交談。你想像運用力量的新方式具備了更多的眞心和尊重。你對靈魂和身體之間、靈界和地球之間的新關係抱持理想。你對生活的各個方面：療癒、身體、工作、育兒、家庭、教育、科學、宗教……等等幾乎都抱持理想。

這些新的理想就像新的典範和生活方式般保存在你的心裡。這些理想是被地球周圍的較高能量頻率所保存的思想形式。這些思想形式逐漸滲入我們的意識，逐漸滲入我們的思想和行爲。我們開始根據新的生活方式表現出不同的行爲。最後，當你以這個新的方式行動，而其他人也以這個新方式行動時，我們將在世界上創造出一個嶄新狀態和生活方式。當我們（我們在集體意義上指的是很多、很多人）這麼做時，我們打造的正是一個建立在這些新的理想和生活方式上的新文明。

你的獨特任務

我們每個人心裡都有這些理想，但某些理想對我們而言格外重要。你可以說我們是這些領域的專家。也許你的特定任務是學習以新的方式建立關係、以新的方式與自然或生態連結，或是以新的方式對瞭解「心理／身體／能量」的關係作出貢獻。瞭解了自己的特定焦點會帶給你極大的成就感。

當你找到你的領域，你也會瞭解自己涉入的程度。我們有些人是在個人生活中日復一日地進行。有些人則是將它轉變爲事業或某種全心投入的使命。重點在於一旦你像東方人所說的那樣「活出正道（dharma）」，你的人生在某種程度上便有了其他任何事都無法帶來的目標和意義。

當你發現你的任務時，它會帶引你和你的靈魂家族中與這個任務有關的成員連結。我們看見靈魂像成串的葡萄般投胎轉世。一群帶有類似的能量、主題和振動的靈魂，多少會在類似的時間或地點一起轉世。當你連結到你的靈魂和靈魂目標時，你會開始遇見其他同類型的靈魂。你們會分享一種帶有深刻的連結和理解，默契十足、相互扶持又充滿了愛的狀態。當你意識到你的靈魂本質時，你就會瞭解有許多其他的靈魂與你彼此交織。可以說，你們開始在能量和靈魂的層面上攜手合作。這是非常有意義又能幫助人的事。

當靈魂目標出現時，我們將它稱作「踩在兩個世界之間」。這意味著我們都出生在家庭、鄰里和社會之中。我們活在一個世界。有些靛藍靈魂與家人、朋友的關係良好──你們很幸運。但是有更多靛藍靈魂覺得失去連結，覺得格格不入，覺得疏離，而且在許多方面沒有歸屬感，即便曾經嘗試過。可是當你意識到你的靈魂目標時，你會開始遇見有類似振動和特質的人。你不再試圖融入舊的世界，而且你開始屬於這個新的世界。於是你存在於兩個世界，但你的滋養在很大程度上是來自新的世界，而你最終是要在這裡打造出這個新世界。

站在廿一世紀的開端，有時我們很難看出自己在建立什麼。你們都熟悉所謂的

「百猴效應[1]」（The hundredth monkey effect）。它的意思是你沒有看見任何改變，然後突然間只因爲一件看似微不足道的小事，事情就開始急劇變化。我們沒有注意到自己投注的心力帶來了影響，然後突然間事情就急速地改變。因此我們必須有耐心、善待自己、相信自己的使命，並追隨某種比我們更偉大的東西。儘管你的心智有時可能會說，「這太誇張了，這不是眞的。」但是追隨你的使命感，信任你的使命感吧！要相信你在自己身上意識到的能力是可能存在的，縱使它們還未全然到位。你的靈魂使你卯足全力，你的靈魂要求你縱身一躍，你的靈魂期望你承擔風險。相信它，值得的。要放寬心，善待自己。做不到十全十美也不要緊，只要繼續向前躍進即可。過不了多久，你就會愛上這種活在邊緣的感覺。

問與答

Q：我找不到我的目標感。我發現我還在找自己想做的事。另一方面，我對靈性有強烈的渴望，而且想在靈性層面與大家連結。我發現自己相當掙扎。而且我覺得我還有很多老毛病得轉化。

A：最重要的工作和最主要的目標就是：轉化我們的「老毛病」！

你說你有尋找某種形式的強烈召喚，可是你還沒找到，對嗎？

對。

這正是痛苦所在。

我有一些我想達成的靈性理想，可是我發現我一直處在相同的舊模式下。我對靈性有一種渴望和關注，可是我沒辦法讓自己振作起來。

A：我覺得你開始認出一些核心模式了。核心模式是反覆出現的模式和積習，它老是扯我們後腿又降低我們的意識。我的經驗是，模式的背後往往藏著靈魂的課題，而靈魂課題的背後則是本質狀態或靈魂特質的逐步展現。因此感覺上像個難題的事物，其實正是通往靈魂的門戶。我建議你更深入地瞭解那些模式。有些過去發生在你身上的事情可能會阻礙你運用你的能量。

你使我想起在求道之路上我們曾經遇到許多所謂的「靈性危機」。當差異在理想和眞實、在未來的使命感和過去的模式之間形成一種矛盾時，靈性危機會催化一次大幅度的成長。一個新的焦點、新的強度和新的整體出現了。它往往會透過激烈的自我對抗和強大的內在修持發生。我猜你已經在這個問題上下了一些工夫，可是要做的功課還很多。所以與其因爲你還沒有成功而對自我或內在修持的過程感到失望，還不如趕緊和大家一起踏上旅程的另一個階段。

Q：我大概知道我在這裡要做什麼，可是生活中的實際情況卻阻止我這麼做。

A：對某些人來說，他們的目標是既定的事實：它就在那裡，清清楚楚。可是對多數人而言，找到目標就像在玩一場捉迷藏。你得對它下點工夫。找到目標成了你重要的目標。你意識到它在那兒，可是沒多久它又不見蹤影。它對著你閃閃發光，可是當你朝它伸出手卻什麼也抓不著。

我從你身上還意識到第二點。我意識到你有強硬的內在批評者，它站在門口嚷著，「你不夠好，你做不到。」

對。我和內在批評者的奮戰就是，我用腦袋，而這麼做切斷了我的直覺。

批評者有時可以是偉大的助手，如果你知道怎麼用它的話。我猜想你的批評者指出了你的使命，可是你不敢說，「好啦！我會去做。」你認爲呢？

是的，像是按摩、舞蹈、身體工作等等不同的事。我覺得這是我的天賦。

所以你的目標在某些方面還滿清楚的；只是你的內在批評者阻止你，就像你生活中的實際情況也在妨礙你一樣。在這種情況下，追隨目標往往需要近乎英雄般的努力才能承諾和訓練自己，並集中自己的意志。有許多模式會使我們輕易推拖。但如果我們負起責任、作出承諾，那麼我們一定可以做到。

你要知道的另一件事情是：追隨你的目標不是每次都那麼容易。它不會老是輕易地讓你賺到錢或得到別人的支持。追隨你的心、你的直覺和反抗心智的正常邏輯，這些需要勇氣和信任。你往往必須對抗身邊那些嚇阻你的人物或情境。對你的目標保持眞誠需要承諾和紀律。你必須在你身上找到力量和勇氣。而且你可能得不到太多支持。

Q：我的環境，尤其是我的伴侶，讓我很難鍛鍊我的靈性。我得爭取空間和時間。

A：身爲女人，妳的靈性目標有很重要的一部份是在妳生命中的男人身上下功夫！我必須很誠實地告訴妳。以男人的立場而言，我們是固執的、傲慢的，我們的羞愧、不安和恐懼充斥著面具，我們認爲自己無所不知，不需要做任何改變。在許多方面，女人在靈性上是比較進步的。

妳們比較開放，妳們願意檢視自己，而且妳們和妳們的感覺、脆弱，還有更深層的誠實比較有接觸。我們男人需要向妳們學習，偏偏我們不認爲自己需要向妳們學。在多數情況下，我們不想向妳們學習。但是我們已經將妳們召喚到自己的生命中了，因爲我們必須學習。妳認爲呢？

我對試圖解釋和證明卻得到一堆抗拒、阻礙與攻擊……感到厭倦。

確實很難。我們男人眞的很難搞。我能說什麼呢？這是事實。所以妳得有很多耐心，很多技巧，並且在適當的時刻來一次恰到好處的情緒大爆發。

（聽眾）她會想得到偶爾爆發的許可。

好吧，那我就給妳許可！妳有部份的靈性目標是在家裡大發雷霆，以便喚醒妳的男人！

更實際地說，妳的人格模式使妳一直受到保護。

我想我算是一個手腕高明的人吧！

沒錯。我覺得妳心裡是一個活潑、有朝氣又熱情的女人。不過妳有多少熱情是直接流露，而不是透過交際的濾鏡呢？我的身體告訴我妳正在退縮，妳打算縮到哪裡去？

我答不上來，雖然找出讓我退縮的那個點是至關緊要的問題。

我在妳身上感覺到許多恐懼。而我感覺到的第二點是對衝突和諾言的恐懼。當我們跟別人交談時，我們的能量會離開並接觸他人的能量場。這種接觸會以許多方式發生。比方說，我的能量可以從我身上出來，但是落在妳的跟前卻不碰到妳，或者，它可以越過妳的左肩但沒有實際觸碰妳。又或者，我的能量可以眞的出來跟妳見面、和妳連結。關於正面接觸，我覺得妳還有很多可以學習。我的感覺是，妳的某些退縮與來自過去和童年的怨懟有關。有部份的妳說，「我不會把自己交給你。」

我對自己保留某些事引以為傲。

確實如此。這給了那個部份某種力量和滿足。但是那個部份來自於過去的模式，它會限制妳的能量，還有妳和伴侶更有建設性、更坦誠地建立親密關係的能力。多學著用妳的熱情和能量與他人正面直接地接觸吧！一開始它有可能會情緒化或引發衝突，但也只有一開始。一段時間之後，多餘的熱量會燒完，而新的理解和力量也會開始出現。然後妳就不會覺得自己像是一個被伴侶和環境所侷限的受害者了。妳在限制妳自己。妳的模式使妳退縮。責怪別人或外在的事物輕而易舉。外面的世界永遠充滿艱苦，而妳如何利用妳的人生才是最要緊的。

譯注：

1. 「百猴效應」這個名詞最早出現在《Rhythms of Vision》這本書的序裡，後來因為萊爾・華生（Lyall Watson）的著作《Lifetide》而流傳開來。一九八四年肯・凱耶斯（Ken Keyes, Jr.）出版了一本名為《The Hundredth Monkey》的書，直接助益了這個名詞的散佈。凱耶斯寫道，五〇年代有一群科學家在九州宮崎縣的幸島上研究日本彌猴。一九五二年科學家開始將甜薯扔在沙地中。猴群們喜歡甜薯的味道，卻討厭沾在上頭的沙粒。有隻小母猴發現牠可以用鄰近的溪水清洗甜薯。牠把這個技巧教給母親，而牠的玩伴也在學會這個技巧後將它教給自己的母親。在一九五二到一九五八年間，所有年輕彌猴都學會了清洗甜薯的技巧，而成年的彌猴則是繼續吃著沾有沙粒的甜薯。然而到了一九五八年，幸島上清洗甜薯的彌猴數量大幅增加，並達到某種特定的數量。就像清晨時只有九十九隻彌猴清洗甜薯，可是當第一百隻清洗甜薯的彌猴出現時，所有的彌猴都開始清洗甜薯了。令科學家更訝異的是，這個清洗甜薯的行為竟飄洋過海傳到了對岸的九州高崎山，那裡的猴子也開始清洗甜薯。凱耶斯認為，當達到某個臨界值時，新的覺知可能會藉由心靈溝通散佈出去，因此他將「百猴效應」當成一個啟發人心的寓言，用它來比喻正面的改變對人類社會所能造成的影響。

第六章　新原型——在較高的意識層面所抱持的理想

我想重拾我們上回的話題：透過脈輪來探索寶瓶原型的展現。我們先前提過，在較高的意識層面包含了我們對新的生活方式的想像。或許描述它們最恰當的方式是稱它們爲「概念」。這些概念被保存在內心世界裡。爲了讓我們在世間有努力的目標，它們變成了「理想」。這些「理想」是呼喚我們的形象或畫面。我們因此開始意識到我們注定要發揮出來的潛力和可能性。

要瞭解寶瓶座的原型，你可以想像每個長達二一六〇年的時代都是建立在基本的概念和理解上。在這段大約二一六〇年的期間，這些概念和形像會逐漸發展至定義及成形的階段。在每個時代的後期，這些概念和隨之而來的角色架構會變得十分具體。舉例而言，我們多數人的父母，尤其是我們的祖父母，都很清楚他們身爲男人或女人的角色。他們知道自己該如何應對進退，也明白自己在社會上的位置，這套定義和行爲是相當明確的。可是在我們這個世代它已經動搖了。特別是對女性而言。這年頭還有多少女性甘願受制於她們的男人？肯定還有一些，但今天絕大多數的女性是無法接受的。這是因爲在我們的意識當中有一個新的女性的形象。

就好像你的心裡有一個畫面，雖然在你的腦海中它不見得清晰，可是在你的較高意識中它卻清清楚楚。這個畫面呼喚你向它看齊。這個畫面和它蘊含的能量強而有力。它撩撥你，使你焦躁不安，使你對舊的事物心生不滿，使你抗拒受到限制的事物，使你想去尋求新的方法。這類形象存在於許多不同的心靈層次。每個脈輪都逐步展現出一些與生活層面相關的不同形象。

海底輪

放下雙魚時代對身體的羞愧和內疚

我想從海底輪開始講起。對「新人類」而言，海底輪最大的轉變之一是「身體和本性的心靈慶典」。過去兩千年來，基督教的雛型是以否定身體為基礎，好像身體不神聖、沒靈性，是某種必須被摒棄、會使我們受到審判的東西似的。

這種舊的態度不是不好；在雙魚時代的某些發展階段，它確實對必要的進化目的產生了作用。否定身體可以協助我們克服對獸慾的著迷。藉由批判和譴責身體，我們開始往較高的意識聚焦。也因此，儘管這種譴責為我們引起許多問題，然而就進化的意義來看，它還是達到了它的目的。

但是有些新的事物正在發生。目前正逐步展現的、關於身體的原型，是去讚美和享受身體，並將它視爲神聖的、居住著靈魂的殿堂。我們正學習有意識地享受生活，把它視爲感官的愉悅。不過在這麼做之前，我們得先克服來自於過去的羞愧和內疚。雙魚座的過去使我們對感官和身體抱持錯誤的看法。這在我們心裡仍是一股強大的力量。我們對自己的感官懷有罪惡感，也批判自己的身體。現在我們有部份的課題是放下這種想法。

我們要學習的不僅是五感全開，還是有意識地五感全開。光是無意識地「放縱感官」很容易，可是透過保持覺知、維持覺察來護持一個人本質上的良善，並使它進入和通過身體則是另一回事。

最能反映這個狀態的或許是譚崔[1]（Tantra）的廣泛興起。我們多數人都熟悉「譚崔」這個字。譚崔講的是有意識的性行爲。才不過幾年前，除了地球上的幾個小角落之外，它幾乎不存在。現在它變得稀鬆平常，到處都有譚崔工作坊和譚崔訓練在開課，盛行的程度好比雨後春筍。我認爲譚崔的影響力才剛剛開始而已。它仍是一個未實現的理想。

想像一下過去兩千年來，多數人類會上教堂譴責他們有罪的身體，並祈求得到赦免。當然，對我們的雙魚信仰的架構而言，以下的說法聽起來荒謬可笑，但隨著事物進展至新的時代，我們搞不好會在週日聽見譚崔教堂的鐘聲響起。我相信，隨著越來越多人欣然接受讚美身體這個肯定生命的做法，譚崔將會變得完整而普遍。

靈魂是有別於身體的獨立存有

第二個與身體有關的「新」概念是新意識的重點之一（其實它是很老舊的概念，只是以新的方式復出），亦即認同靈魂獨立於身體之外。我們開始感知到自己是暫時居住在身體內部的靈性存有。我相信不出幾年，我們對靈魂與身體配合的機制將出現更深刻的理解。雖然這門「靈魂科學」過去一直隸屬宗教或靈性範疇，但我相信未來它將更屬於科學領域。

這股對「身體有別於靈魂」的日益覺察，在我們的文化中，正以一種有趣的方式呈現出來。儘管它發生在大眾意識的層面，卻仍明顯指出了這種逐步展現中的理解。這是一股爲了改變身體而藉整型手術滿足渴望的風潮。透過外科手術和其他方式，我們可以使身體呈現特定的樣貌。而這還只是開端而已。你一定知道那些培育新器官和四肢的研究。我們未來的走向將會非常激進，稱得上是「設計師身體」（Designer Bodies）。你可以走進身體商店挑選你想要的改變，然後他們會根據你的要求輕易改造你的身體。

許多新時代的追隨者爲此感到震驚，我們認爲它不自然、不有機、人工，而且淺薄。但隨著寶瓶能量的來臨，這股風潮正吹向世界各地，並且快速成長。我們最近剛在德國的這間研討室裡見到一對二十歲出頭的年輕巴西情侶。她說她最近剛做了鼻部整型，「我不喜歡我的鼻子，所以我弄了一個新的，」她的男友接著說，「喔，是啊，我也是。」大部份的學員都震驚不已。然後她說，「我等不及要回巴西了，我還有其他一堆地方要整。」她對此感到相當興奮。

在德國的我們並沒意識到，在巴西，大家都在改造身體。它的價格相對低廉，而且已經變成一件「時髦」的事。許多南美洲的國家也一樣，在北美則是變得越來越普遍。雖然歐洲人的步調有點慢，卻也迎頭趕上。我不能說這是好是壞，只能說，雖然我們會在某些方面濫用各種新事物，但不代表新的就不好。我們必須看的是它作爲進化方向的那個部份。

遺傳工程

我們多數人都知道在遺傳研究界發生的事情意義重大。你大概聽說過科學家已經譯解了人類的基因組。意思是他們已經能瞭解創造出人類的ＤＮＡ藍圖。漸漸地，他們會精確地知道哪個基因讓你有藍色的眼珠或棕色的頭髮；哪個基因讓你的心臟健康或是不健康。我們很快就能治癒那些老是折磨人類的疾病。透過遺傳工作，我預期人類的平均壽命將大幅延長。而我們今日遭逢的許多磨難——情緒上、精神上，和肉體上的——也將一一被化解。

我們在內在發展之路的掙扎，有一定比例是因爲：遺傳編程無法讓靈魂表現出更充份的能力。這些限制有部份可以透過遺傳學來改變。想像一下，比方說，你不必日以繼夜地和你的不安或恐懼搏鬥。許多令我們感到不安或恐懼的理由，與具有數百萬年歷史、如今已無法再滿足我們的進化遺傳編程有關。或者，想像一下我們許多人都得努力克服的憤怒，這也是有解的。這些和許多其他的情緒及心理模式，都是由腦部和腺體遺傳而來的本能生物程式所引起，它們已經不再對我們有用，對廿一世紀的人類而言既不合適也不需要。

我認爲遺傳研究會是這個星球上最棒的靈性成長催化劑之一。我知道這對許多新時代追隨者而言有些駭人聽聞，因爲我們許多人相信靈性成長應該透過冥想、健康飲食和過有靈性的生活而發生。一方面是這樣的。但你如果留意這個星球的發展趨勢——在化學、生物和醫學領域的遺傳研究和發展——會發現這些東西對我們的情緒、心理和心靈健康將造成非常巨大的影響。

如果有人給你一顆藥丸，它可以移除你的憤怒、移除你的不安、給你更多活力、給你一個你一直想要的身體，而且還告訴你，你可以百病不生，告訴我你會不會吃？

我會，而且我會飛奔去吃。我認爲這些在不久的將來，會一步步、階段性地問世。

第二脈輪的原型

讓我們結束身體這個主題，開始講下一個系列：那些與第二脈輪相關的原型和形象，以及逐步展現中的家庭原型。

如果從歷史的角度來看家庭結構，我們會發現它有著顯著的進化改變。一開始我們人類生活在部落的大家庭聚落之中。一個女人生一打孩子並不稀奇。有許多像這樣的家庭一起生活著，四處都是小孩。孩子們基本上會有許多替代父母、許多阿姨和叔叔。他們有龐大的支援系統。隨著時間的推移，我們進入了核心家庭——丈夫和妻子就是今日主要的家庭編制。早期，核心家庭傾向於留在老家，所以身邊會有阿姨、叔叔和祖父母。這年頭越來越多人搬離他們成長的地方，因此對成人和孩童而言，便缺乏由血緣家庭所組成的支援系統。

這造成許多孩子的心理障礙。雖然孩子必須和父母建立親子關係，但他們也需要和許多不同的人往來。孩子需要從許多人那兒得到愛、跟別人溝通、有個作爲模範的角色，與人分享。如果孩子得不到這些，心裡就會產生要用食物、酒精、毒品、性……等替代品或執著於物欲來填補的匱乏。

隨著以往大家庭聚落形式的消失，我們看見大家在家庭聚落之外又發展出建立關係的新方式。比方說，媽媽會參加媽媽們的團體，或其他形式的兒童延伸支援小組。如果我們將這些情形投射到未來，我們會看見大家庭的嶄新型態即將誕生。換句話說，我們看到了新的「社區」形式或社區意義，也找到了與周遭世界建立關係的新方式。

過去五十年來，我們看到許多社區和社區居民合作的實驗，其中最成功的要算是以色列的「奇布茲[2]」(Kibbutz)。我相信這些社區的形式將會變得越來越普及，而且會呈現出許多樣貌。這並不表示每個人都得住在同一塊土地上。它可能比較意味著大家各住各的，但是透過網路、電話和電腦的連結來大幅加強社區的聯繫。

就個人而言，許多人因爲覺得失去連結而受苦。靛藍靈魂的數量仍然非常稀少，所以這種疏離感對你來說往往十分強烈，而且可能導致很大的痛苦。它在你身上引發出尋找「同質靈魂」的強烈渴望。你在尋找具有相同想法和心靈的人。你在尋找可以在更深的層面與你契合並分享連結的人。

這種對連結的需求，最常見的形式之一是透過小型的靈修或內在發展中心。這些小型的成長中心正在各地興起。光是在德國，提供課程和研討空間的成長中心就多達數千個，而通訊錄更是厚達兩英吋。成長中心的出現回應了許多因素。這些地方不僅滿足了我們對靈性發展的需求，同時也滿足了我們對社區、大家庭和情感連結的需求。

身爲靛藍靈魂，找到連結其他相似靈魂的方法對你而言相當重要。但要知道，沒有一種方法是完美的。我們的人格中依然有太多分歧。這些舊的糾葛形式仍在，而我們還沒有進化出新的。還是有許多摩擦讓連結不完整或困難重重。但即使面臨這一切困境，你仍舊保有對連結的需求，因此對你而言，找到聯繫和支援他人的途徑是重要的。許多靛藍靈魂——當然不是全部——過著孤立又疏離的生活。與他人缺乏共鳴、不被理解和與「稠密人格」（dense personality）有關的痛苦，使他們脫離社會，不願與人交往。

你肯定需要時間獨處，但你也需要連結和社群。我會鼓勵你去尋找對外接觸和建立連結的方法。對人類而言，覺察到我們彼此之間的關聯並學習以新的方式建立關係，是下一個階段的重點。這種對相互關聯逐漸增加的覺察與隨之而來的新的相處形式，對作爲「新人類」核心部份的新興群體意識而言是必要的。

覺知教養的新科學

我們觀察到，在這個過程中出現的新事物之一，是協助孩童發展的新教養形式。

我們可以稱它是——我找不到更好的字眼——「覺知教養」（conscious parenting）。心理學家很清楚，成人生活中大部份的情緒、心理和關係困境，都是源自童年時期發生的事。解決許多成人問題的最佳途徑，就是以更健康的方式養育孩子，這樣我們一開始就不會有這些問題。新的教養形式可以做到這點。

這個新的教養形式，關鍵之一在於親職訓練。我相信爲了做好爲人父母的準備，未來的父母必須接受密集的自我發展訓練。在大多數的國家，如果你想開車，你必須接受駕駛訓練。開車的過程比學會養大一個完整又健康的人類要來得簡單得多。可是任何人都能不經訓練就生小孩。大家相信每個人自然而然就有與生俱來的知識，可以讓他／她用健康的方式把孩子帶大，而且知道如何將這個孩子扶養成穩重又健康的成人，不過最後卻是神經兮兮的傢伙把健康的孩子養成了神經質又心理失常的成人。

人類心靈是地球上最複雜難解的東西，也是最精巧的機制之一。理想上，父母應當接受等同於腦部外科醫師的訓練，才有辦法把孩子教養成健康的成人。我相信未來這個需求會得到認同，而某種親職訓練課程也會被開發出來。

內在發展和父母本身的成熟度對這個訓練而言是必要的。孩子的心靈像海綿一樣。它從父母那兒吸取能量。它以父母爲榜樣——不只是父母的外在言行，還有在父母身上活動的精微能量、思想和感受。大體上，想得到健康的孩子就必須有健康的父母。父母除了自己的情緒健康，也必須有跟孩子合作的知識和技巧，才能協助他或她成爲一個完整的人。我們相信這類型的課程在不久的將來會成爲一套標準。而作爲其中的一份子，我們最終將擁有某種形式的教養許可證。我們相信這樣的課程一定會出現，這一代的孩子將因此不再擁有破碎的靈魂。

透過我們的工作，我們觀察到多數成年人在某種程度上都因爲童年而有些心理上的殘缺。但因爲幾乎每個人都有殘缺，以致我們不曉得自己是殘缺的，還以爲這是正常狀態。許多我們以內在發展或靈性成長爲名而進行的內在工作，處理的是兒時受到的傷害所導致的情緒問題。我們是在試圖去修補一開始就不該遭到破壞的東西！

我們所有參與內在發展的人，都瞭解那種認眞處理問題，卻無法眞正解決或超越它們的痛苦和困境。說出這些教人難受，可是在某種程度上，有些難纏的問題是再怎麼努力也不可能解決的。就好像你把一只漂亮的瓷器花瓶掉在地上。沒錯，你是可以把它黏回去，但它再也不會恢復原狀了。這就是我們身上發生的事。在多數案例中，它並非出於惡意，而是出於漠視。而結果就是我們所有人都與情緒、能量和心理問題奮戰著，如果我們受到比較妥善的教養，我們就不用吃這種苦了。我們可以學著把花瓶黏回去，甚至可以用某種方法讓它不漏水，但它還是會有某種缺點和瑕疵。所以，如果我們能透過更妥善的教養來減少破壞，那我們就責無旁貸。

（我想對我們這些「破花瓶」，特別是你們的「批評者」說幾句附帶的話：我們都是破花瓶，所以請善待自己。別期待自己完美無瑕，因爲你做不到的。你的腳步將有些蹣跚，但你仍舊會抵達山巔。）

我相信政府未來會將部份目前挹注在軍事方面的龐大經費，運用在生兒育女、親職教育和一般的教育上。當我們這麼做時，那個世代將擁有我們今日難以想像的健全情感和心靈。今天世界上有許多問題是出在我們的成長和教養上。我們嘗試所有社會、經濟和法律的解決方案。雖然這一切確實有一定的幫助，可是問題依然存在。或許最好的解決方案之一，是讓下一代健康地成長。如果我們能致力於創造健康的人，我們就能在一個世代裡創造出更美好的世界。我相信我們會這麼做——也許不是馬上，但肯定是在不久的將來。

問與答

Q：大體上，你的說法給我一種積極向上的感覺，除了一件事之外：你對隆乳和隆鼻的看法。我相信我的靈魂選擇了這個身體和我這輩子的課題，甚至於我的父母和我被教養的方式，而我的身體也是選擇的一部份。我認為我的靈魂會選擇這個身體一定有它充份的理由，而羞愧也是可能的學習之一。如果就這麼動了手術，等於是奪走了靈魂從羞愧中學到教訓的可能性。

A：你把從羞愧中得到教訓視爲靈魂課題的一部份。如果有辦法讓你更輕易地得到那些教訓呢？

但那不會因為手術而發生。

我不確定。我以前一直有跟你同樣的感覺。我強烈反對所有的美容整型手術。然後我看了一個電視節目，它改變了我的想法。那個節目談的是整型手術，有實際的手術過程，也訪問了一些人的經驗。我記得有個十四歲左右的年輕男孩，他有嚴重的招風耳。這個可憐的孩子被無情地取笑，因此對自己感到丟臉，也變得羞怯、沒安全感。他背負著這樣的精神創傷。就算只是外出在人群之間，對他而言也是痛苦的經歷。大家總是盯著他看，取笑他的耳朵。

接著他們訪問了整型外科醫師，他表示簡單的手術就能讓耳朵恢復正常。他們播出那個男孩的手術過程，事後還給他看了他那美觀又伏貼的耳朵。接著他們訪問他，那孩子容光煥發。他說：「我不覺得自己是怪物了，現在大家看我的時候我很開心。」就彷彿經年累月的精神創傷因爲一次手術而煙消雲散似的。這是我第一次看見整型手術對人產生正面的影響。它確實給了這個男孩一個看待自己和生命的全新態度。我從治療中瞭解到這類型的羞愧和自我批判有多麼地難以改變。從這一點我開始改變了想法，而且瞭解到這些事情也是可以非常正面的。

我覺得我們缺少對整型外科醫師的某種訓練，使大家妥善運用這類型的手術。如果大家想改變自己的鼻子和胸部，那麼應該有某種配套教育教導他們手術的後果和既有的危險。我沒有看到這種情形，這是個問題。

我同意你的看法。這些事情可以用來強化一個人的自我，也可以用來強化一個人的「本質」（Essence）。大家在與「本質」連結上需要幫助和教導，那麼這些類型的進步才可能支持一個人的本性，使我們的靈魂能有更健康或更合適的載具來表達自己。你提到的教育過程將會非常重要。

我也明白在進化的過程中會發生許多濫用的情形。大家必然會將整型手術運用在不太正確的理由上。我認爲我們的每一項進展都有可能遭到濫用，不幸的是，這正是進化過程的一部份。如果許多這類型的研究到頭來是由我認爲道德有瑕疵的來源所資助，我也不會感到訝異。比方說，是由想培養出更優秀的士兵的軍方。但社會通常會因爲好的研究而獲益。所以我認爲這一切只是過程的一部份。多數人可能不曉得網路——我認爲網路是很棒的東西——的資金主要是透過色情而提供。色情是造就網路的主力之一。所以我認爲有些東西被誤用、有些怪事會發生都是這個過程的一部份，但最後，會是對整體有利的。

你一開始的評論也有言外之意。有某種類型的靈性思想指出，「我的靈魂已經精確地選擇了可供學習的完美身體、家庭、環境和經歷。」這類型的思考還說，「我來地球是爲了讓我的靈魂從這個身體學到教訓，而我是這個小男孩，我的身體長出這種耳朵，這樣我才能學會什麼是羞愧。」很多人是這麼想的。或許這是眞的，但我有另一種想法。或許靈魂帶著不可思議的潛力來到這裡，卻因爲耳朵之類的事情而施展不開，於是這個靈魂只好終其一生忙著羞恥。爲這種事情長期奮戰似乎是一種浪費。如果你能克服這種羞恥，並以更輕鬆快速的方法解決它，那麼靈魂就能在更多領域取得更大的進展。

所以讓我們把事情攤開來好好想一想。靈魂選擇了那個身體是因爲它是用來學習課題的最佳身體，還是靈魂接收了這個身體只因爲那是它能得到的最佳身體，而這個交易或許不太完美？

Q：我以母親的身份來回應你的問題。作為一個母親，如果我兒子有這種耳朵，而且受盡折磨，每天哭著回家，難道我能告訴他，「這是為了你的內在成長」嗎？你會怎麼做？被取笑是很痛苦的。

A：我給你們看一個更嚇人的例子，看看你們會怎麼做。你們都知道什麼是垃圾郵件，就是不請自來的郵件。這些公司收集兩百萬個電郵地址，然後把產品資料寄給每個人。其中規模最大的幾間，是廣告男性性器官增大器的公司。以前我看到這些電子郵件的反應是「這些人好變態」，直到我和一個老公的性器官超小的女人談過之後。她很苦惱，因爲她說：「當他跟我作愛時，我一點感覺也沒有，我不知道他是不是在裡面，我毫無樂趣可言。我愛他，但我老想著別的男人，因爲我在肉體上完全得不到滿足。」那個男人也知道這一點，他覺得那是身爲男性的挫敗。所以你們會怎麼建議這對夫妻？女性們，如果這個增大器買得到而且很健康，妳會怎麼建議妳的男伴？而男性們，如果你覺得你的女伴會因爲你短少兩英吋而離開你，你們會怎麼做？在這種情況下你們會怎麼做？

（聽眾成員）

我會去增大，這可以解決很多問題。

我會說，試試看嘛！

我會儘可能把它加到最大。

這是合不合適的問題，或許他應該找個陰道小一點的女人。

如果這是性的問題，那就在心的層面和老公連結，然後去外面找別人上床。

選擇很多。但我頭一次這麼清楚，就我們所知，我們可以得到的選擇前所未有。

讓我進一步談下去。如果有人告訴你，「我們現在可以延長你的壽命。我們有藥丸，吞下去你就能多活五十年。」你吃是不吃？我們假設你把保持美貌也當成是交易的一部份。

那要看還有誰想吃。

我肯定會吃，但我吃是因為這樣我就有時間去覺察死亡的可能性，去覺察我究竟在等些什麼，去和我的「本質」更徹底地連結，去覺察我到底為了什麼而活。我對自己的死亡還沒什麼感覺，我覺得我活在長生不死的幻象當中。

我跟你差不多。我覺得「本質」是最要緊的東西，能活多久倒是其次。我比你大十歲，這是我第一次開始意識到自己的歲數。我覺得我的身體開始磨損。我的關節開始出現問題，而且我開始以一種先前不曾有過的方式去看待老人。我看著他們，想著，「再過不久我也會像他們那樣。」前幾天我看到一個有骨質疏鬆症的老婦人，她的背很駝。我看著她心想，「這種日子眞不好過。」我不知道我的身體會有什麼特別的毛病，我也不在乎是活一百歲還是兩百歲，但我希望最後的幾年我可以健健康康、沒病沒痛，不要太折磨人。我很高興醫學上的進步能給我無痛的人生。

讓我給你們一個對許多新時代追隨者造成困擾的觀念。我先前提過，但我想你們是左耳進、右耳出。假使你的靈魂沒有選擇這個身體，它只是在挑彩券，輪到你的時候，好的號碼全沒了。就這樣，你得到一個人格、一個身體，還得到一個家庭。你的靈魂不見得非要它不可，它只是接收了它所能得到的。

或者，假使你的身體和心靈，在某種程度上是由隨機的進化力量所設計？假使靈魂來這裡是因爲人生還算有趣，但你絕對得不到勞斯萊斯？事實上我的觀點比較像是這樣。當我觀察腦部、腺體、心智和情感的架構時，我發現人類載具的構造並不完善；它仍然相當原始，而靈魂正和它奮戰並且很辛苦。

我從沒這麼想過。

是的，多數人並不這麼想。這不是一個令人舒服的想法。

真教人生氣。這不合理，也不公平。

我也想相信生命是公平的，可是當我環顧四周時，我不太確定公平是生命存在所遵守的宇宙原則。

是啊，想想靈魂在這個身體裡的感覺。就是某種讓人覺得很緊繃的玩意兒，好像我被卡住了一樣。在身體的層面，我覺得自己不是真的在這兒，就像我其實沒有覺察到我的全身，或是感覺待在我的身體裡一樣。也許我需要去探索待在自己的身體裡是怎麼一回事，還有為什麼感覺這麼緊繃。

我認爲你想探索的態度是正確的：去探索什麼是身體，什麼是靈魂，還有這兩者怎麼互相配合。

我想補充我自己對這件事情的見解，同時重複一下秘傳學說裡的說法。秘傳學說指出，身體的進化有部份是透過大自然的進化力量表現出來的，有部份則是透過靈魂的參與。人體這個結構有部份是被——我找不到更好的字眼——靈魂的偉大智慧所塑造，可是它離建構完成還很遠，而且還在開發的過程當中。秘傳學說會提出這種說法，是因爲靈魂正在掙扎。

我們也相信未來科學會承認靈魂的存在。我們將發展出可以感知靈魂的機器，也可以直接透過直覺能力去感知它，而結果就是我們可以更直接地與靈魂合作。想像一下那些你難得可以接觸到的美妙時刻！比方說，透過冥想。想像只要透過一些調整或植入，那些時刻就能更規律而紮實地出現。我相信這就是我們即將發展的技術。

我認爲即將來臨的科技，在改變意識方面會很令人震撼。對身、心、靈的瞭解方面，將出現一些不可思議的變化。科技將開啓我們目前只能短暫感受到的意識、喜悅和生活的層次。我相信我們已經開始在這些領域掀起了革命。這是靛藍靈魂所傳遞的「靈魂科學」的一部份。

譯注：

1. 譚崔（Tantra）在梵文中是「意識的擴展」之意。它的根本意義在於，男性和女性、憤怒和慈悲、愛和恐懼……等所有的極性並非對立，而是互補。也因此，譚崔發展出一套在極性的結合上集中意識的靜心技巧，而尋求這種結合的途徑之一便是性。譚崔認為高潮是所有二元性和極性融為一體的內在空間。透過神聖、覺察和愛，譚崔教我們如何在日常生活中進入這個內在空間，方法是將身體視為殿堂，將感官視為內、外在世界的出入口，並以自覺地碰觸到內、外在彼此滿足及放鬆的點為目的。印度和西藏密宗大師說過，意識的擴展是我們所能體驗到的最大高潮。在這種放鬆之中，我們的意識將逐步擴展。印度神秘主義者奧修則認為：「譚崔基本上是精神性學……人的心智因為被世界各地的宗教教導要壓迫性而扭曲。譚崔是唯一教你表達性的科學——不是放縱，而是一種精神的紀律。這是從生物現象進入心靈的一種轉化。」

編注：現今的譚崔多已被扭曲，且流為為性而性。在神秘學中，性行為的發生必須建立在愛，唯有相愛的兩人才可能藉由譚崔獲得「透過身體而超越身體感官的天人合一狀態」。讀者對此不可不慎，不要被雙修蠱騙，或以此為性濫交的藉口。

2. 奇布茲（Kibbutz）在希伯來文中為「共同屯墾」之意，是一種由居民共同擁有和經營的村莊模式，類似共產主義的集體農場，亦被稱作以色列的「人民公社」。奇布茲的存在是為了落實平等、互助與社會正義，每位成年居民都必須以工作換取生活所需，而且財產共有、薪資平等。大部份的奇布茲約有三、四百名成年成員，全體居民的總數則在十三萬人上下，約佔全國總人口數的百分之二點五。

第七章　新男性和新女性

在上一章，我們看到了靛藍能量在第一和第二脈輪的開展。在這一章，我們將繼續探索透過第三和第四脈輪而逐步展現的靛藍能量。有鑑於這兩個脈輪與男、女兩性大有關係，所以我們將以「新男性」和「新女性」的脈絡來進行探索。

新男性

新興的靛藍能量正在男性身上引發革命性的劇變。讓我們從這些新男性的能量開始看起，因為在男性內部逐步展現的原型，對身為個體或身為一個種族的我們而言，具有十分重大的意義。關於男性特質，一個近乎嶄新的層面正在浮現。要瞭解這個層面，我想以人體能量場各個中心的開啓來作為切入角度。

過去數千年，人類主要朝較下方的三個脈輪偏振。這三個下部脈輪的能量集中於第三脈輪——象徵權力和自我的脈輪，並透過它來表達。這意味著男性被競爭、侵略、權力和自我等第三脈輪的意識所支配，從而創造出自我中心和階級分明的人生態度。男性是為了自己，他們透過攀登階級之梯，儘可能地替自己得到地位和權勢。

這方面目前有重大的改變。接踵而至的靛藍能量爲男性的心輪帶來了強烈的衝擊。男性的心輪開始以顯著的新方式開啓。此外，第三脈輪的能量也開始朝上方注入心輪。這意味著合作、欣賞、尊重和體貼的價值在男性身上開啓了新的水平。我們看見它以尊重他人、願意合作而非競爭的方式表達出來。另一個方式則是人道主義和精神上的寬大，它是尊重所有形式的生命，並因爲尊重而不願傷害或引起其他生命的痛苦。

心輪的開啓擴展了我們對較高情感（higher feelings）的接受能力，也帶來了溫和、細膩的情感和一種關懷及溫暖。由於這些特質，這些新男性過著截然不同的生活。你可以說新男性是「感覺」的男性，他們纖細、溫和、感情深厚。儘管以心輪爲中心的男性始終存在，但達到如此普遍的程度，對人類而言實屬前所未有。過去我們一直被男性強壯、有力又蠻橫的原型所支配。雖然那些價值在我們的社會中依舊具有龐大的影響力，然而男性的價值卻透過他所帶有的溫柔和眞誠而越來越被看見。

心輪的變化

這個過程對男性而言並不輕鬆！它正帶給我們某些非常深刻的挑戰。原因之一是許多帶有這些靛藍能量的男性，也從過去帶來了強大的太陽神經叢能量。競爭仍在，自我主義仍在，自私自利仍在。現在這幾股力量正和意圖超越這些事情的心輪能量苦苦奮戰。許多男性由於這兩大中心之間的衝突而處於內在緊綳的狀態。

在過去，男性可能自私自利、好勇鬥狠，而且不太爲罪惡感或內疚所苦。現在不同了。當太陽神經叢的下部能量活躍時，我們的心輪會疼痛。這些太陽神經叢的能量往往強大到難以阻擋。在這些時刻我們可能會被它們控制，甚至覺察不到心輪，但事後我們確實意識得到，而且我們的心（輪）還飽受折磨。許多靛藍男性因爲未開化的太陽神經叢而受苦。這種折磨可能會持續一段相當長的時間，直到能量朝上偏振並停留在心輪的中心爲止。

靛藍能量刺激第三和第四脈輪所發生的第二個轉變與脆弱有關。過去男性的定義是強壯、勇敢，當個英雄。我們不該表現出恐懼，不該表現出怯懦，不該表現出情感，我們也不該表現出痛苦。這種形象有它進化上的目的。男性必須學會控制源自於海底輪對死亡和痛苦的恐懼，這樣才能更理智地對情勢作出回應，而非只是本能地迎戰或逃跑。儘管在「海底輪的管理」上我們永遠需要進一步加強，然而這個過程所打下的基礎已足夠讓我們採取接下來的步驟。下個階段的要素之一就是變得脆弱。

開啓我們的心輪和變得脆弱，意味著男人可以哭泣，可以承認弱點，可以尊重自己的需求，可以有感情。脆弱所需的勇氣甚至大過於面對危險。許多男人願意面對肉體上的危險，例如進入著火的房子搶救某個人。但是有多少男人願意承認他們害怕，願意接受他們的需求，願意在受到傷害時讓淚水流下呢？很少有男人願意接受這種挑戰。然而靛藍能量在我們身上開啓的就是這個。

在某種意義上，靛藍男性所能接受的最大挑戰是他自己的陰柔和脆弱。意思不是他變得無能、成了受害者，或帶有脂粉味。這意味著他有勇氣脆弱、有勇氣沉浸在自己的感覺裡，尤其是，他有勇氣去愛。我們從內在工作上看到的是，願意接受親密關係和愛或許才是最大的挑戰。我們確實會愛，然而我們傾向於躲在牆後面愛。我們想確保安全。我們的愛來自於角色的扮演，也許是保護者、供應者，或照顧者。但是這類型的愛缺乏深刻的親密感。親密感的意思是，這個人是開放的、卸除防備的、可被觸及的。別人的本質，和你的本質，彼此交會。這是一種微妙的狀態，一種溫和的狀態。在這種狀態下你很脆弱，因爲你可能會受傷。靛藍男性被要求接受的挑戰就是：變得脆弱，並在愛裡開誠佈公。

男性力量的新原型

隨著男性心輪開啓而發生的另一個顯著轉變，是把自我擺在一旁，由「我」轉向

「我們」。過去我們深深地沉浸在自我裡。我們男人爲了自我中心的理由而活。現在我們開始認出自己與他人的相互關聯和彼此連結，也開始認出發生在他人身上的事情同樣會發生在自己身上，因爲我們全都環環相扣。由於對這些連結有所覺察，我們開始學習以更整體的觀點來思考並支持整體公益。

這可以用我們經常聽到的「社區意識」，或是「群體意識」這個比較貼近秘傳學說的說法來總結。身爲整體的一份子，我們正學習接受社區意識和更廣泛的群體生活。我們將自己視爲更大整體的單一細胞。對整體有益的基本上也對我們有益。力量開始脫離自我。你可以說目前正逐步展現的狀態是「愛的力量」相對於「對權力的愛」，以及「擁有行善的力量」相對於「爲了握有權力而追逐權力」（power for power's sake）。

這是重要的一步，因爲我們正學習將自高自大的心態擺在一旁，將自我擺在一旁。我們正學習對他人敞開心房、接納他人，並且不堅持我們的方式才是事實和唯一的眞理。我們正學習以合作來取代競爭。

當自我被擺到一旁時，第三脈輪的高八度（higher octave）位置會產生對我們而言十分重要的另一面，亦即「個體意識」。個體性已經成爲今日世界最高的價值之一。各個國家、各種文化的人民都在設法做自己，尋找自己獨特的表現方式。人人都想走出自己的路。這種個體的型態對男性而言是陌生的。過去我們對個體的瞭解比不上對自我的瞭解，因為這個世界的原型結構是以那些最狂妄自大、最能抓住權力的人作為基礎。

這給男人帶來獨特的挑戰。挑戰在於：「我該怎麼表現我的個體性？」「我究竟是誰？」「我到底要什麼？」「我該如何瞭解我的人生？」「相對於自我，什麼才是真正的我？」我們被要求向內傾聽，我們被要求去發現什麼才是真實的自我，而真實地活著又是什麼意思。

過去我們在很大程度上稱我們的個體性是：在我們和自我裡的那個自我中心的自戀小孩。作為一個自私的小孩，我們任性妄為。我們不太在乎對別人造成的影響，只在乎能得到自己想要的東西，只在意自己是第一，因為我們最重要，而這能滿足我們一時的歡愉。現在這種心態正在改變。它必須改變！身為一個種族，今天我們擁有的力量前所未有，無論是大型車輛還是大型機械的力量、企業界還是金融界的力量、改變地球的力量、影響人類身體的力量、心智的力量……我們擁有無邊無際的力量。我們不能讓自我中心的小我為了自身的目的而利用這些力量。這麼做風險太大。

我們在地球上遭受到的許多磨難，起因於我們不負責任又自私自利地濫用力量。

今天我們面臨的許多困境，例如：人口過剩、污染、環境破壞、戰爭、恐怖主義……等等，是我們沒有給予尊重和沒有承擔必要責任的直接後果。身為新男性，我們有新的力量、敏感度和責任。我們必須擁抱那些責任，並使心裡那個自我中心的小孩充份發展成一個有智慧的成人。

要平衡這股力量，我們現在必須在彼此關聯的生命整體上，為這股力量的影響扛起前所未有的責任。我們必須為我們的個體性找出符合我們更高本質、我們的內心、我們的夢想和更高目標的新定義及新意義。這個個體的新定義將整合相反的兩面，亦即：我們是獨特並被賦予力量的人類，能夠將自我擺在一旁，為了最高利益和群體合作。這麼做將產生最大的力量和最偉大的利益。

新女性

女性的力量和責任

我想談談靛藍女性。有一種新的原型和能量正在女性身上逐步展現。女性基本上已經被控制和束縛了數千年之久，現在這種情形正在改變。這是女性第一次能和男性平起平坐。女性開始進入她們的力量，進入新的責任，進入新的尊重。這種情形之所以發生，是因為對男性和女性而言，第三脈輪（力量）和第四脈輪（心）正共同在人類的心靈中形成一個新的整合及單位。

我們看見男性身上的第三脈輪一直相當活躍，第四脈輪則較爲封閉。而女性身上的心輪相當活躍，但第三脈輪，也就是力量中心，卻不知怎麼的有些萎縮或受限。女性眞心誠意但缺乏力量。她們坦率而寬容，卻往往缺乏與自身個體性的連結。女性實際擁有的力量大體上被侷限在極小的範圍內。過去三、五十年間，我們已經目睹了顯著的轉變。女性解放運動反映的正是女性太陽神經叢的開啓。

女性正在學習掌握權力是什麼意思。這個任務並不容易。妳傾向於讓自己無足輕重、放棄力量，又不維護自己的立場。這讓妳吃了不少苦頭。這種情況之所以發生，是因爲妳犧牲自己又受人利用。妳有部份的課題是勇敢對抗受害者的能量模式。過去妳總是扮演受害者的角色，因爲在這方面妳能做的有限，即便妳備受折磨，在某種程度上妳卻是接受或屈從的。

今天妳的情況並非如此。如果妳交出自己的力量，或是被別人擊垮，妳會痛苦、難過、沮喪、生氣，或是憤憤不平。自太陽神經叢浮現的力量亟欲突破受害者的牢籠。妳必須擺脫舊的模式，妳不能老是低聲下氣！難就難在妳還不知道該怎麼當個老大。所以女性的挑戰就是當個大人物、擁有空間、獲得空間、佔有一席之地、無拘無束、強有力、直截了當、堅強，並突顯出新女性的本質。這並不意味妳失去了心輪的品質，反而意味著現在妳可以信賴這些為妳指引力量的特質。

新型態的關係

隨著新的開啓在妳身上發生，妳正為建立關聯和關係的新型態訂下標準。我們稱它為「深度關聯」(depth relating)。妳要求生命中的男人將他們以意義和眞實為基礎的連結及親密感提升至一個新的水平。妳想要、也需要存在感：妳需要男人陪在身邊並對你顯露情感/情緒。妳不再滿足於傳統的角色，例如：女性只是妻子、母親，甚至戀愛對象。

妳期待某種程度的開放和親密，深度和溝通。妳願意敞開自己脆弱的一面，妳需要妳的男人也敞開自己脆弱的一面。也因此，對男人而言，妳變得極具挑戰性！我想說的是，身為女人，你有部份的任務是教育妳生命中的男人。男性正開啓他們的心輪，不過仍在掙扎和努力。當然在妳身上也永遠會有新的開啓階段，但在許多方面，妳的心輪已經以某種顯著的方式打開了。身為女人，妳有部份的課題是找到自尊和力量，並以成為領導者和擔任引領男性走向愛的角色為榮。

女性比較容易感應到許多精微而細緻的能量。男性的能量和振動往往較為粗糙而猛烈。即便對我們這種願意敞開自己的男性來說，也是件困難而辛苦的事。我們必須將振動狀態從較低的振動轉變成較高的振動。這幾乎會造成我們身體上的痛苦，我們需要支持和指引。因此女性們，妳們面臨了人生的挑戰，而這個挑戰就是尊敬妳們擁有的細緻能量，並為它負起責任，同時讓這些能量變得更有朝氣和活力。妳生命中的男人渴求它，需要它，雖然他們會抗拒、會大聲發牢騷，骨子裡卻是願意接受的，而妳的工作就是信任這個細緻能量並且採取行動。

在更深的層面上，假使妳觀察今天世界上的困境，會發現它們多數是由男人造成的，戰爭、犯罪、掠奪土地……等等，基本上都是男性的問題。身為女人，妳擁有的特質被迫切地需要。如果妳的太陽神經叢沒有發揮特性，那麼妳仍舊是男性和過去的受害者，妳擁有的這些美好特質仍舊起不了作用。女性們，喚醒妳們的太陽神經叢和力量是必要的，將它與妳們的心輪整合，然後以這樣的特質行動！妳們的男人需要它。這個世界需要它。

我們擁有前所未有的力量，但我們的成熟度還趕不上我們的力量。身為女性，妳對生命有一份尊重，妳願意把自己擺在一旁以成就更大的善行，而且妳有深刻的群體意識。這個世界上的男性需要被妳們教導。我想在妳們面前設下挑戰：在許多方面，未來取決於妳們，因爲新人類的新價值在妳們身上是如此地無法忽視。我們男人也在成長，但與我們已經獲得的權力和這個世界的需求相比，卻還不夠快速。妳們女人已經擁有成熟、覺察和眞誠的心。喚醒妳們的力量，扛起妳們的責任吧！

新女性期待高度誠實的關係

我們來談談「表達」這個主題。以深度和溝通爲基礎的新關聯型態正在出現。女性想談的是眞實的事物、眞實的情感。妳們無法滿足於維持表面的溝通。妳們期待在關係中有過去不曾有過的高度誠實。誠實並不容易。它往往意味著揭露一個人寧可不被揭露的私事，比方說：一個人的脆弱、缺點，或恥辱。它往往意味著在另一個人面前擺上覺察之鏡，使他們可以從中看出自己也有相同之處。所以女性們，當妳們接受自己的力量時，妳們也在接受一種新的溝通層次，而它既是挑戰也是禮物。妳們期待一段以眞實而非謊言、誠實而非欺瞞、直接而非迂迴爲基礎的關係。這可以用我先前提過的一句話來總結，現在我想再重複一次。佛陀說：

謊言起初是甜美的，但結果是苦澀的。

真相起初是苦澀的，但結果是甜美的。

這句簡單的話總結了靛藍能量所帶來的根本轉變之一，亦即以眞實爲基礎的關係。下次上課時，我們會進一步說明細節。

問與答

Q：（由男性提出）我發現我的行動大部份出自於太陽神經叢。我覺得這是我能量最集中的地方。當我感覺這裡有強大的能量時，我的心輪幾乎是徹底封閉而失聯的。但我也渴望在溝通、連結和親密感方面達到所有你曾提及的理想狀態。

你先前提過你是做營造的。那是太陽神經叢的環境。但你是心胸寬大的男人，你有一顆敞開的心。待在那個世界的感覺如何？

挑戰！還有矛盾。對我而言，從事這份工作是好事，發現我的男性能量也是好事，而我確實樂在其中。有部份的我覺得在那兒輕鬆自在。不過我選擇那份工作也是為了反抗父母，他們要我按照「他們」的方式出人頭地，現在我覺得有點動彈不得。另一方面，我很真誠，但和伴侶相處時卻太過真誠、太過陰柔。和她相處時我不太能發揮力量。在陽剛的建築工人身份和我的真心誠意之間，我找不到平衡。

你使我想起我先前提過的一件事，一件發生在許多男人身上的事。許多男人已經盪到了擺錘的另一端。隨著心輪的開啓，他們擺脫了太陽神經叢的力量並與之失聯，或者心輪與太陽神經叢分成兩邊，各自爲政，而不是處於平衡而整合的狀態下。你的挑戰在於讓已經開啓的心輪和太陽神經叢同時並存。你需要它的力量、堅固和活力來與心輪保持平衡。這是重要的任務。將這兩個能量中心整合起來並不容易。你或許會驚訝於：即使和一個有新時代思想的女性在一起，她還是需要你有些男性特質和男子氣概。我們眞誠的那個部份會以爲，「喔不，我的女伴只想要一個有靈性、忠實又體貼的男人。」但我的經驗是，即便是最有靈性的女人也會想要、需要一個力量牢靠的男人。

Q：（由女性提出）我很喜歡今天的這場演說，因為它讓我弄清楚很多事。我自己經歷過這種從心輪轉移到太陽神經叢的過程，而且正試著整合它們。但是我對這個過程也有不少抗拒，這讓我吃了不少苦頭。從你的話裡，我可以瞭解經歷這些困境的不只我一個人，其他許多人也是如此。而關於女人對她的男人的期待，你描述得讓我深有同感，因為我也這麼覺得。

A：妳對太陽神經叢的抗拒是什麼？

我腦袋裡有個想法，這麼說好了，權力和力量是不好的東西。

靈性與力量不合是老舊的想法。有靈性的人是溫和而柔軟的。我想支持一種新的見解，亦即靈性與權力的關聯，和它與愛及意識的關聯一樣重要。靈性是對靈魂和本然眞我所處的較高次元採取開放的態度。靈魂是一個巨大的存有。妳身上帶有的力量、各種能量，和那些能量的力量極其強大。靈性成長是願意接受越來越大的力量規模和靈魂能力。在某種意義上，靈性是學習有建設性地、創造性地、恭敬地去學習運用這些力量。在內在修持方面我們有個說法。我們認爲靈魂是由三股能量流——力量、愛和智慧——所組成的，而這三者彼此相連是爲了形成一個重要的意義，亦即創造。

我們假設靈魂的根本目的就是運用被愛所激發、受智性所引領的力量，去過具創意和自覺的生活。

而這三者共同交織成創造力。靈魂在本質上是富有創造力的存有。靈魂是正在學習創造的創造者。

你的話某種程度讓我覺得是通往和平的解決之道。女人是愛，她必須和她的力量連結，而男人是力量，他必須和他的愛連結。

我認爲這大概是今天我們所有人面臨的最根本的任務之一。力量與愛的整合是我們最核心的課題之一。這個行星的進化，某種程度有賴男性整合他們的陰柔面，女性整合她們的陽剛面，還有男性和女性彼此之間的整合。

Q：在演說中，你以相當直接的方式替女性設下挑戰。假使你必須對男性說出同樣的話，比方說，「男人，我要你們去……」，那會是什麼樣的訊息？

A：首先，要提昇女性的地位、賦予她們權力，並且尊重她們。實際上我們只懂得如何高高在上或是當她們的小孩。藉由進入我們的心輪和走出太陽神經叢的舊模式，然後整合兩者，我們一定能學會收起自我，讓女性發光，並支持女性走進她們的權力和活力。

其次，你們的挑戰是變成以心輪爲中心：願意接受感情、情緒，接受脆弱，並且願意談論它們。

第三，我可以告訴男性們：「想想更大的善行，而非個人的私利。認清有一種更美好的生活正在發生。你不必老是搶當第一名、老是這麼自私自利。你要學習的是合作與共事。」

我認為很多男人正在利用這點。他們透過炫耀自己是多麼地想到更大的善行，來證明自己有多麼偉大。

我們的心輪正在開啓，而且我們正由衷地做著一些十分寬容、利他和眞誠的事。但是我們的太陽神經叢仍佔有一席之地，它甚至參與了我們較爲純粹的情感或行動。我們所觸及的是男性的核心傷口。「我們不足夠」的這個傷是如此強大，以致我們必須證明自己有多行。所以即便我們的心輪開始發揮作用，想讓傷口癒合還是得花上一段時日。

我覺得女人也該為沒能掌握自己的權力，以及本能地希望男人強壯有力的情況負起責任。我覺得這是新時代女性面臨的一部份困境：她想要掌握權力，她想要平等，可是她的本能卻希望她的男人有男子氣概，因為那會讓她有安全感。我覺得我們心裡似乎有場介於意識和本能之間的戰爭。

女性的挑戰在於，妳的較高意識想要一個溫柔體貼的男人，可是妳天生的模式卻想要一個太陽神經叢強大的男人。兩者兼備的男性並不多見。對多數男性而言，他們的挑戰在於變得脆弱。我認爲男人在內心深處是十分脆弱的，但這徹底嚇壞了我們必須保持強壯幻象的太陽神經叢。在我們所有的面具和神氣活現的太陽神經叢背後，存在著羞恥和脆弱。然而想到要正視這一點，我們的本能簡直嚇壞了。我們的本能會說，「如果你脆弱，那你就是軟腳蝦，你不是男人，你會鬆懈，然後你就玩完了。」所以我們寧可去掉半條命也不想去揭露這些情感。

其次，有許多男性已經轉移至心輪，但在過程中他們的太陽神經叢卻以一種失衡的方式縮小，他們太過溫和、缺乏力氣，也無法掌握力量。他們有心輪的能量，也有強大的腹部能量，也就是孩童的能量。女人會被這類型的男人所吸引，因爲這些男人可以更親密，與你有更微妙細膩的互動，而妳的母性本能很想接近他們心裡那個容易受傷的內在小孩。但同時，這些男人通常沒有妳需要的力量和力氣，而妳並不想看管一個孩子氣的男人。妳想要的是有力量的男人！妳的本能想要一個能讓妳覺得可靠、安全、衣食無缺的男人。但是這些有力量的男人通常沒有開放的心輪。和這些有力量的男人在一起形同再次放棄妳的力量。傷腦筋啊！要怎麼做才能兩者兼得呢？

課題就在於：發展出脆弱和力量的平衡狀態。所以男性們，你們的挑戰是開啓你們的脆弱和情感，但仍保有你們的力量。而女性們是在與愛保持聯繫時，願意接受妳們的力量。這是從本能轉變成意識的過程。在意識中你可以同時擁有它們。

Q：我想知道的是，男性帶著他們所有的力氣和力量進入心輪比較容易，還是女性從她的心輪進入力氣和力量比較容易？

A：我認爲它們都不簡單，而且我不曉得說一種比另一種困難是否公平。但如果要我很誠實地回答，我會說，雖然環顧我們的星球時，我看見世界各地的女性被賦予了更多力量，也掌握了她們的力量，可是帶著力量踏進心輪和脆弱的男性卻少之又少。因此我懷疑這對男性而言可能比較困難。我甚至可以進一步地說，女性已經擁有了她們的力量，只是她們一直受到制約所以沒有察覺。

我看見許多女性已經在實踐她們的力量。無論是在專業意識上，或是在獨力撫養小孩、供養家庭和一肩挑起的力量上。女性大體上比較協調，她們可以取得力量，而且已經具備較高的價值觀和較高的意識。女性現在只需要控制她們的能力和力量，然後付諸行動，並克服她們由於我們的攻擊性而對挑戰男性所產生的恐懼。

Q：我覺得把這個訊息公開，讓所有的男男女女瞭解正在發生的事情，並以有效益的方式實際體會這個充份發展的過程是非常重要和必要的事。

這是非常重要的。許多女性願意採取開放的態度，但男性卻十分抗拒。對女性而言，她們必須爭取的事情顯而易見：她們要走出卑微、她們要得到力量……等等。對男性而言，我們只看見自己正在放棄某些我們一直努力爭取的事物。既然我們在另一邊看不見什麼好處，我們幹嘛要放棄呢？

因為感覺比較好。

難就難在我們和自己的情感面接觸不深，所以我們不知道這麼做其實感覺會比較好！

•（男性）我確實感覺得到。脆弱和願意接受是一回事，可是我一受傷就會立刻切斷連結。對我來說，要全然地留在感覺裡十分困難。即便知識和經驗都告訴我，這麼做感覺確實會變好，但我還是會立刻回到平時那個比較有力量的角色裡。然後我就幾乎忘了那個感覺的空間曾經存在過。

• （男性）我認為保持脆弱的關鍵在於你必須學習某種方法，好幫助你在痛苦的情況下仍保持脆弱。這是至關緊要的一點。沒有那些方法，我們男人不可能待在脆弱的狀態下。

• （女性）在大自然裡，男性變得脆弱意味著他會被殺死。所以如果女人能瞭解這一點，我們就能與男性共事。對我們女人而言，問題在於我們長久以來一直受到支配，我們想復仇，想把你們打倒。經常發生的事情是，當我們女人獲得力量之後，我們會出於報復地將男人踢出局。

好吧，看來今後我們還有許多工作得做！我在世界各地看到的是，以成長為導向的工作坊，女性學員平均佔了大約八成，而男性只佔了兩成。我們有許多女性正在快速地成長。不過最重要的是，許多女性也開始追求事業並在其他方面掌握權力。所以我們的世界將出現越來越多的失衡現象。越來越多女性在靈性方面變得比男性更成熟。基於這個理由，我猜想女性將會是協助這個世界採取下一個步驟的主導力量之一。

第八章　透過上部脈輪展現的靛藍靈魂

第五脈輪

唱出靈魂的歌

靛藍靈魂最強烈的渴望之一是陳述和表達自己。就像有股亟欲竄出的巨大力量在我們體內爆發一樣。這股力量自喉輪竄出，它是掌管表達和溝通的脈輪。喉輪的主題可以用一條《美國憲法》中的基礎聲明來總結，亦即「言論自由」。

我不是歷史學者，但就我記憶所及，言論自由成爲一個國家的法律和基礎可能是歷史上的頭一遭。在此之前我們沒有言論自由。如果你發表了不被接受、不受歡迎，或不利於現狀的言論，你就是讓自己身陷險境。如今國家認同人人說實話都應該受到安全保障。但即便它被寫進憲法，也不代表這是現實狀況。

這類有遠見的想法來自於較高的存在層面。當它們滲進人類的思考領域時，便會成爲我們渴望達成的「理想」。因此言論自由的概念變成了言論自由的「理想」，並逐漸滲進我們的心裡。儘管我們今天確實擁有前所未有的自由，但我們每個人仍然必須學會實踐這個理想並說出眞相。那是因爲數千年來的迫害仍留在我們的心理、身體和集體潛意識裡。這些對迫害的恐懼在我們的身體，特別是喉嚨一帶造成深層的壓力。它們就像煞車般抑制我們的表達。

我們多數人都因爲這些恐懼而在喉輪產生嚴重的障礙。它導致我們隱瞞較深層的眞相。這些眞相可能是分享我們的憧憬和夢想、抱負和喜悅，也可能是面對周遭世界具破壞性的行爲和模式。

身爲靛藍靈魂，你看見了許多。我們先前提過，眉心輪的進化有助於更深入地感知現狀。有許多隱匿的黑暗能量正在運作。你看見不公義、無知、操弄、權力競爭，自私自利。你看見人們如何地被剝削，私人利益如何地破壞生態，政客如何地欺瞞民眾，宗教如何地造成催眠狀態……等等。在更私人的層面上，你看見與我們相關的人，因爲自我、貪婪、權力、幻象、恐懼、創傷和其他許多事物而抑鬱寡歡。

你看見的不只是心智的幻想，你「確實」看見了。所以你該拿你看到的怎麼辦？好吧，身爲靛藍靈魂，我們有一部份的工作是協助地球收拾殘局，而你可以這麼做的管道之一就是談論它。

你面臨的挑戰是比以往更加誠實。你學著談論難以啓齒的事。我們平常談論的事情十分有限。這些是「可被接受的」事，安全的事。超出那個限度，就會變得比較困難而且較具挑戰性——或許是洩露某些你習慣遮掩的隱私，或是因爲擔心某人可能會有的反應而對某事噤聲。基於許多原因，我們沒有說出我們想表達的事。

你必須克服你對溝通的壓抑和恐懼，然後說出來。揭露和表達你的本質會是一大進展。在這麼做的時候總會有恐懼。一開始它可能會引起尷尬的片刻，或緊張，或反應，而許多你想談論的事並不會那麼地受到歡迎或被接受，至少在一開始是這樣，但它終究是值得的。

你必須「製造不安」。雖然有些十字軍類型的靛藍靈魂比較常這麼做（你得學會有技巧地執行，而不是拿著鎯頭猛敲），但多數靛藍靈魂在本質上是以心輪爲基礎，既溫和又不想做出會傷害他人的事。也因此，你往往必須收回前言，呑下實話。你擔心如果你對另一個人說出眞話，他們將無法接受，而且還會受到傷害。

好吧，眞相是身爲靛藍靈魂，你就是得去挑動人群。你就是得去搖撼他們、擾亂他們、挑戰他們。你這麼做也只是在做自己罷了。你甚至什麼都不必說。因爲你的能量和他人不同。你說得越多，人們越可能以更激烈的反應來對抗你：他們會自我防禦、憤怒，或攻擊你。他們會對你築起一道牆，或是儘可能地遠離你。

然而在保持眞誠和應付後果之外，你其實別無選擇，因爲你如果對自己讓步或是沒有活在眞實裡，那種折磨反而更難受。要你表裡不一絕非易事。你無法輕易玩弄他人或輕視自己。誠信是你心裡的一股強大力量。它會逼你在一個你的內在安全機制或環境不怎麼感到安全的狀況下，冒險說出並表達你的眞心話。

比起說出所謂「負面」的事，或許最大的風險是說出正面的事。我們的本質在最深的層面上有某個東西，那是一首歌，就彷彿我們的靈魂有首歌想唱似的。我們意識到、看到這麼多的美好和魔法，我們有這麼多的喜悅片刻想要分享。我們想要創造的有如此之多。也因此，唱出自己的歌，意味著表達出我們心裡最親近、最私密的事物。

有一個大家都能理解的好例子可以用來說明這個挑戰。假設你過了糟糕的一天。想像你走進工作場合大吐苦水。這大概不會太難。我們多數人都習慣發發牢騷。現在想像相反的情況，你經歷了美妙的一刻，某件事令你大爲感動。想像你在工作場合跟大家說：「我有很棒的體驗。我覺得我的心敞了這……麼開，就像房子一樣寬。我覺得我心裡充滿了宇宙的愛、慈悲和喜悅。」不是那麼容易做到，對吧？彷彿有個禁忌在阻止我們談論太多正面的體驗、太多美好的事物。然而，假使我們能這麼做不是很棒嗎？如果你聽說過一些神秘主義的詩人，例如魯米[1]、泰戈爾[2]或惠特曼[3]，那麼正是這些使他們的詩作如此美麗而迷人。爲什麼我們不能效法？

唱出自己的歌，意味著讓你的生活和你的靈魂、你的本質調合一致。你的生活會開始成爲你所支持的最高理想和抱負、信仰和承諾、歡樂和狂喜的表達及證明。

透過喉嚨的創造能量改變世界

這個世界是以能量的思想形式和模式所建立的。這其中有許多思想形式相當古老，可以追溯至數千年前。它們根深蒂固，限制生命，而且不讓心靈流動。身爲靛藍靈魂，你有部份的工作是協助打破這些舊的思想和能量結構，並創造出新的能量形式。你的喉輪是執行任務時強有力的創造工具。在某些方面，喉嚨是體內能量流最強勁的發射器。這股能量流送出的不僅是話語，還有振動。這些話語和振動是破舊立新的強大力量。

爲了做到這點，你必須學會在比較審慎的過程中運用你的思想和話語。我們稱此過程爲「創造狀態」。由喉輪發出的振動會影響並形塑你周遭的世界。這正是它被稱爲創造性脈輪的原因。所謂的第五脈輪意識，指的是對你身爲創造者的身份覺醒。就這層意義而言，靛藍靈魂的創造力堪稱前所未有。如果你從世紀之交來看這個社會，會發現我們在過去一百年間創造出來的，或許多過於這個星球曾經存在的。我們在科學和醫學上創新，在藝術和音樂上創作。我們造就出建築、城市、遺傳學、農業……

不勝枚舉。在過去一百年間，我們見識到這個星球在創新精神上的突飛猛進。這是因接踵而至的靛藍能量的結果。而這只是一個起點。目前我們正在開發電腦、網路、傳播媒體、衛星……等工具，它們將是開啓人類創意表現的巨大資產。

因此我想告訴你們：「找出你們的創造力」，無論它注定該採取何種形式。找到它，因爲你需要。找到它，因爲在越來越大的層次上成爲一個創造者是你命運的一部份。

或許你的創造力會透過成爲藝術家或科學家而表達。可是你在廚房裡、在電腦上、在跟朋友講話和掃地時，你也可以有創造力。你的心靈龐大而有力，而且它亟欲創造。你是個眼光遠大的人。你是行星的雕刻家。你握有新型態的人類和嶄新生活型態的藍圖。創造就發生在你的內在。最終，你的創造物將是你創造出來的自己。你注定將自己創造成那個理想，而且你注定要將你的人生打造成那個理想的化身——你和他人及各種情勢的每次互動都帶著那股能量。我想告訴你們，「接受這個挑戰，創造出你覺得你生下來就應該過的人生。」此時此刻，大門是敞開的。這是歷史上非常特別的時刻。在此刻，無盡的生命力和創造力垂手可得；在此刻，人類擁有開放的心胸；在此刻，我們可以創造出輝煌的人生。

第六脈輪的展現

在創造力的主題之後，我要談的是第六脈輪的能量開展。在本書先前提及的資料當中，有不少與第六脈輪有關，因爲這個脈輪對靛藍靈魂十分重要。我們談過眉心輪的開啓和逐步展現中的意識新層面。我們看過靛藍意識有遠見、有理想的一面，也探索過心智的發展和靛藍靈魂所具有並力求彰顯的「新的理想」。

現在我想談談眉心輪的運作，還有它與頂輪和靈魂意識的關聯。上部眉心輪與頂輪相連，也與位在頭部上方約十二英吋處的第八脈輪相連，亦即「高我」，它有時也被稱爲「靈魂的位置」。這三個脈輪中心已開始像整體裝置一樣地運作。我們稱之爲「頭部之光」。

它意味著，帶有非常高等的智慧、洞見和理解力的靈魂，開始將這些能量經由頂輪向下注入眉心輪。我們可以在深刻洞察、思想清明或靈光乍現的片刻體驗到它們。這些是我們偶爾會在靜心時，有時候是在沒有明顯原因下便觸及的超凡片刻。無論情況爲何，那一剎就彷彿面紗被揭開了一般，你體驗到清明、具洞察力的時刻。靈魂層面已經透過眉心輪滲入了覺醒中的意識。

這個過程經由位於靈魂、頂輪和眉心輪之間的管道而發生，它叫做彩虹橋，梵文稱作「Antahkarana」。靛藍靈魂的彩虹橋被大幅開發，提供他們許多接近靈魂意識的機會。這個意識透過兩種方式溝通，要不就是透過「直覺的知曉」，要不就是心智的清明。這兩種方式都是在盒子外面思考，意思是你的思想不受慣常的方式所制約。

眉心輪的兩個層面創造出兩種截然不同的靛藍靈魂。直覺型的人右腦（非線性思考）和上部眉心輪比較佔優勢。這些人比較透過直覺來工作，並且從「第六感」或「小小的內在聲音」獲得許多資訊。他們表現出一種不尋常的直覺程度或心靈發展。受左腦支配的類型和下部眉心輪（善於分析的心智）比較有連結，而且擁有清晰、銳利和精闢的邏輯。這使他們的心智發展和清晰思維具有非凡的水準。這些人是思想家，偉大的思想家。

多數靛藍靈魂不是向一邊偏振，就是向另一邊，有些人比較屬於心智類型，其他人則偏向直覺類型。你偶爾會遇到在兩方面都相當活躍的人。這些人有進入能量和微妙世界的直接經驗，而且能夠談論這樣的經驗，並透過邏輯和心智來解釋。

眉心輪的挑戰

這個層次的眉心輪活動不乏其挑戰，因爲眉心輪的開啓會帶來非常高的能量頻率。這些能量移動得非常快速，它們四處蹦跳，而且確實具有電的特性。在占星學裡，電力由寶瓶座支配。也唯有在靛藍能量抵達時，我們開始進入發現電力的寶瓶時代。目前電力已成爲這個星球的主導力量。今天的地球幾乎無一處不被電頻率的轟炸所淹沒。不論是房屋或建築物裡的電線放射物、街道上的電纜、手機的電磁波、電視機，還是衛星，我們正被一百年前不存在的電能場給淹沒。

這個電場與智能的擴展有關。看看它所呈現的：電力被運用在我們開發出來的機械上，爲的是讓我們的生活更輕鬆。我們將電力運用在燈光上，如此我們才能在黑暗中看見；我們也將電力運用在通訊設備和電腦上。透過電力，大量的資訊在這個星球上傳輸著。如果沒有電力，資訊時代不可能存在。而電力和資訊的爆增反映的正是眉心輪的智能開啓。

現在要說的是偉大的一步。我們正快速地進化，但許多挑戰也伴隨著進化而來。這些挑戰主要有兩個方面。首先，心智還未發展到足以處理如此大量的資訊。我們多數人都處於資訊超載的狀態。這一切的資訊進入我們的頭腦，然後通過我們的心智進入神經系統和全身。結果就是神經失調的現象因靛藍能量而大幅增加，像是心神不寧、潰瘍、失眠、皮膚等問題，或是因神經系統活躍度升高所引發的許多其他身體上的狀況。這是由於鍛鍊（與地球的穩固連結）對靛藍靈魂而言相當重要：要鍛鍊身體、使用它、讓它有活力，並透過它將能量帶給地球。

第二個挑戰是，我們看到這些能量和被醫師稱作「注意力缺失症」的症狀也有關係。許多靛藍靈魂，尤其是最近才來的小朋友，他們的腦袋對一般學校或工作體系來說轉得太快。一方面，這說明了體系還無法適應這些新的靈魂。學校面臨的挑戰是去尋找教育這些新小孩的新方法，而工作場合面臨的挑戰則是妥善地運用他們的聰明才智。

不過這個問題大部份是在靛藍靈魂自己身上。當新的能量和頻率來臨，它們會刺激人體能量系統的發展和流動，但系統本身還無法處理。許多你目前正在應付的問題，起因於你的神經系統有太多的電流和電壓通過。漸漸地，我們的系統會隨著時間而適應。我們將能更輕鬆地處理靛藍頻率。現在這對許多人而言是個難題，但在我們的系統夠強大之前，我們必須找到暫時的解決方案來協助處理這股能量。

心智的發展

靛藍靈魂的另一項挑戰是來自於眉心輪內部的新活動，亦即心智的發展已經超越了情緒和身體的發展。這可以用「電腦宅男」的原型來代表。這種人要嘛有一顆看起來很聰明的腦袋和骨瘦如材的身體，像是嗑了太多藥地飄然，要嘛就相反，在圓滾滾的走樣身體裡住著非常聰明的心智。

這類型的人是地球上的部份新人種。他們的心智高度發展，但在某種程度上與身體沒有太多連結。這些人不住在自己的身體裡。這是不平衡的。可是我們必須平衡才能健康。失衡會導致精神和身體上的不健康。我們從進化觀點看到的是，進化在發展過程中往往擺盪於兩極之間。現在我們正非常快速地擺向一個新的極端，但整個系統要跟上腳步並做出調整尚需一段時日。

這引發了另一個層面的問題：女性分娩。現在的生產過程變得如此痛苦而費力，就進化時間的觀點而言，原因之一是頭蓋骨的尺寸成長得相當快速。女性的骨盆不是用來讓這麼大的頭蓋骨通過的。因此在生產過程中它造成了更大的痛苦、更長的陣痛和更多的難產。

進化過程並不是以平衡、和諧、同心協力的方式發生。它是在一部份邁出了大步，另一部份卻還落在後面的情況下發生的。

整合的人格

因此對人類而言，靛藍能量的出現一方面是了不起的驚人禮物，另一方面也帶來許多問題。我可以用一句簡短的話來總結這些挑戰，亦即「智能的挑戰」。智能是能量，而它有振動頻率。我們必須學會如何處理這些新的智能能量。身爲靛藍靈魂，認識這些新的力量是我們的任務，例如：如何透過我們的身體和能量系統來處理它們，如何處理我們的智能所引發的資訊超載，以及如何將這種智能和我們的心、我們的情緒、我們的身體、我們的靈魂，和我們的其他部份作整合。

整合的首要步驟之一必須透過「朝上看」而發生。打個比方，想像一下手電筒。我們一般會讓手電筒朝外照亮四周的環境。現在想像你將手電筒朝內，而非朝外。它會開始照亮我們的心理和能量世界。接著將它朝內並向上旋轉，正對著頂輪和更遠的地方。它會開始照亮我們的靈魂。

能量工作的基本原則就是「能量隨覺察而行。」藉由讓覺察之眼朝上看，它會將能量帶往頂輪和靈魂。它會刺激彩虹橋的開啓以及與更高本質的連結。在這個過程的特定時間點，意識會徹底的改變。這是覺醒的時刻。你會開始意識到靈魂的存在。

對靈魂覺醒在靈性旅程是很重要的一步。停頓在這兒會十分誘人，但這不是旅程的盡頭。這個過程的下一步是將靈魂能量向下帶入脈輪。這會在各個脈輪中創造出全新的意識狀態，並以一種能容納更多能量、能以新的能力運作的方式重整脈輪。過程中的這個階段稱爲「建立身體的神性」。

在這個階段，靈魂和人格會整合成一個「融入靈魂的人格」。在「融入靈魂的人格」中，來自於靈魂的靈性目標開始在抱持人生目標的頂輪出現。你會瞭解你爲什麼在這裡，而且你的人生將會有明確的意義、方向和目標。然後，來自於頂輪的人生目標在眉心輪會以靈視和思緒清明的方式呈現。你清楚自己此時此刻在這個世界上必須做些什麼。透過你的心智，你可以將更崇高的人生意義應用在清晰而紮實的目標上。

接著，眉心輪變得像是內在管弦樂團的指揮；它帶領並與許多次人格和在它下方的脈輪調合一致。在正常的意識狀態下，脈輪就像指揮出現前的管弦樂團樂手。每個人或多或少都忙著自己的事，缺少全面性的帶領和整合的力量。眉心輪是指揮，由頂輪交付樂譜。它開始指揮，然後帶領樂手將刺耳的雜音變成和諧的樂章，而各個脈輪也開始在一個比較高的層面上運作，並爲靈魂意識提供服務。

眉心輪是這整個過程的「關鍵」，因爲覺察的力量是由眉心輪帶來的。回到手電筒的比喻上，過去一百年間，我們已將手電筒（智能）的亮度由十伏特增強至一百伏特。藉著功能強大的手電筒，我們一直朝外發光並照亮我們周圍的宇宙（科學上的發現）。現在我們開始朝內在世界發出覺察之光，並開啓進入心理和能量世界的大門。而現在我們也開始朝上發光並照亮靈魂和更高的世界。靛藍靈魂體內這個朝內並向上旋轉的手電筒十分強大。我們正逐漸認出內在和周遭另一個一般心智無法以肉眼看見的完整層面。靛藍靈魂的感知能力正在開啟一個廣大的智能、洞察、能量和靈性的新視野——另一個完整的存在層面。

問與答

Q：我認為我們不像自己以為的那麼自由。我們處在一個靛藍靈魂稀少的文化中，而且我們被過去的雙魚時代強烈影響。到處都有一堆限制；我們如何才能真正地自由？

A：你有什麼感覺？

我覺得像個傀儡。

你說的是事實。我們不僅被文化的限制所束縛，也被許多其他的限制束縛：身體的、大腦的、本能的、重力的、自然的、天上星體的。許多靛藍靈魂確實在和這種受限制的感覺對抗。你們不想被任何事情或任何人所控制，無論是政客、社會、教會、上帝、占星學還是揚昇大師。靛藍能量說，「少來惹我。」

孩子，你麻煩大了！你活在地球上，活在這個有許多限制的文化裡。所以你打算怎麼辦？花一輩子來反抗？希望不是。靛藍靈魂比較深層的課題之一就是：學習與周遭世界的限制合作。你在這裡是爲了創造新的事物，而創造的過程並不容易。就像在烈焰中鑄劍一樣，爲了使它成形並且鋒利，我們必須反覆地錘打。

眞正的自由不會來自於對抗一切限制，也不會來自於幻想一些世間不可能達成的理想狀態。它是來自於找到自由與臣服之間的正確平衡。我要強調這個字——臣服。因爲當你朝上進入意識時，你終會學著臣服於「眞實之所在」，臣服於「萬有一切」。你將在同時間面臨全然的臣服、全然的自由和創造力這種矛盾的狀況。

聽起來如何？

我覺得我越來越服從、越來越冷漠了。

骨子裡呢？

非常煎熬。我想逃出我所處的體系。

我覺得你儘管表面順從，骨子裡卻不想配合，而且還說：「你搞不定我的。」

對吧？

對。

你的感覺和許多靛藍靈魂一樣——內在有座火山在沸騰，表面上卻有些冷漠，甚至對「靈性」冷感。你對周遭所見的一切限制和愚蠢感覺灰心，而且你覺得你什麼忙也幫不上。你不曉得該拿這些挫折怎麼辦。所以這是你的挑戰。雖然今晚我是在這裡對你說話，其實我也是在對外頭數百萬的靛藍靈魂說話：把所有受挫的能量投入爲蓬勃的創造力吧！

有部份的你看著世界局勢只覺得厭煩。你看到身爲我們政治領袖的那種人。你看到既得利益者的結黨營私。你看到以宗教名義進行的勾當。我們在面對外頭如此龐大的力量時似乎十分渺小，而且覺得無助，於是有部份的我們只好掉頭就走。那個部份說：「我無法改變任何事情，我太渺小了，所以只好待在我的角落不去理會。」我想對所有的靛藍靈魂說：「走出你的角落，成爲社會變革的推動力，親身參與，改變你的生命，體現你的信仰，興風作浪，樂在其中，爲打造一個讓我們都以生活在其中爲傲的世界盡一份心力吧！」

Q：你提到靛藍靈魂的時候，我想：「噢，就是我啊。」令人訝異的是每個人，這整個世界也都牽扯在內，不光是我而已。我待在家裡時還以為這些事情只發生在我身上呢！原來到處都在發生。

A：你知道，這使我想起一幅美麗的影像。想像你有一張桌子，桌上有許多還沒煮的豆子，每顆豆子都很安靜地待著，然後有人開始搖起那張桌子，於是全部的豆子都開始振動起來。它們以相似的速度振動，因爲這張桌子的移動使它們同時搖晃。但因爲每顆豆子的觀點都是受限的，每一顆都以爲：「喔，眞奇怪，我竟然像這樣到處振動和搖晃。我是怎麼回事啊？我好特別喔。」可是隨著覺知的逐漸擴展，你會明白是桌子在搖晃，是全部的豆子所處的整個場域在搖晃。

這種感知有部份來自於上部眉心輪的開啓。眉心輪帶來的事物之一是全景視野。你會看見更大的整體，你會看見自己以整體的部份之姿與它彼此聯繫。在某種意義上，靛藍意識代表的是個人利己主義的消溶。你開始認出自己是這個名爲地球的巨大生命實體的單一細胞，並且處在一個名爲宇宙的更大實體當中。

回家後開始明白有這種情形的不只你一個人，感覺如何？

它給了我跟人接觸的勇氣。因為我覺得他們也是其中的一份子。

你說得很好，因爲許多靛藍靈魂覺得自己是個「異鄉人」或怪胎，覺得自己無法融入。於是許多靛藍靈魂便自我孤立、保持疏離。許多人因此產生自卑感。

我以前有，現在不會了。

是什麼改變了它？

內在修持。

你開始認同你自己。這對靛藍靈魂相當重要。對你而言，內在修持不可或缺。矛盾的是：雖然人人都需要內在修持，但沒有靛藍能量的靈魂卻不是那麼需要，即便他們其實更加需要。我的意思是，在某個層面上來說，現有的許多內在修持他們並無法有效運用，因爲許多興起的內在修持形式比較適合靛藍靈魂，對雙魚靈魂反而起不了什麼作用，那不適合他們。

所以我對還沒開竅的人不該過份期待？

沒錯。降低你的期待。內在修持不是人人適用。別打擾人家，他們會依據內在的時間默默進化。

靛藍靈魂們各帶著不同的「裝備」進入身體。那意味著有某個脈輪的某個脈瓣比較活躍。因此你有不同的感知，不同的思考和不同的反應。有些事對你來說是基本常識而且再明顯不過，而你對其他人竟然不那麼認為和看待感到難以置信。

心靈中有許多領域確實如此，尤其是直接連結到眉心輪的那個。眉心輪的正常狀態——不是靛藍狀態——是朝外看的。這些人在自我反省方面會很困難。你們有些人應該記得我先前舉過的這個例子，我們回顧一下，然後我再詳細說明。如果我問某個人：「你現在感覺如何？」他們或許會說：「沒什麼特別的，一切都很好。」即使我可以看到他們的腿突然劇烈抖動，而且心神不寧，顯然有什麼不對，但他們甚至沒有察覺，因爲他們的注意力擺在外頭。靛藍靈魂的眉心輪有一定的發展，這使得他們可以檢視自己。你可以「自我反省」，你可以深入地檢視自己。

就是這樣的自我反省能讓你在自己身上下工夫。我最初發現這整件事相當怪異。我會跟某人說，「你有沒有覺得自己哪裡怪怪的？」他們會說，「你是什麼意思？我好好的啊。」我意識到他們不是在耍我，他們是眞的不清楚。就好像人類有兩個不同的品種，表面上我們看起來好像差不多，所以我們以爲我們或多或少是相同的。但別被愚弄了，地球上存在著許多不同的能量狀態和存有種類呢！

Q：什麼原因讓一個人是靛藍靈魂，另一個人不是？這些差異是怎麼形成的？

A：我可以從比較外圍或秘傳學說的層面來作答。我覺得你是在秘傳學說的層面上發問的，因此我會以這個方式來答覆。最好的比喻是，在大城市的中央車站裡，有來自四面八方的列車進站。一列來自義大利的火車載滿了義大利人，另一列來自波蘭的火車載滿了波蘭人。我們從一個更廣大的層面來看同樣的事。地球就像火車站，進站的列車載滿了宇宙中來自於不同次元、不同靈魂群組、不同進化流和不同來源的靈魂。

所以就像在火車站一樣，某列火車會在某個時間點進站而且有自己的時程表；某個靈魂群組也有何時該抵達的特定行程。時程表是以龐大的宇宙循環——一種宇宙時鐘爲基礎。這些占星學的週期緩慢移動、轉向，開啓了宇宙中的某扇門，使某股能量流得以流動。因此當我們談論靛藍靈魂時，我指的是根據這些宇宙時鐘而運作的龐大、進化的天體能量的宇宙佈局。

這是占星學教給我的。起初我學占星是爲了弄清楚我是誰，我爲什麼以這種方式感受和思考。可是當我開始瞭解自己並理解占星時，我發現我稱之爲「我」的本體，其實是透過行星和天體而運作的龐大力量的具體化。我們每個人都是具體化的天體力量的渦漩。我絲毫沒有自宇宙分離，更確切地說，我是偉大的宇宙能量中最細緻、最親密的一支舞。

占星學成了通往神秘主義的途徑，因爲它擴展了我的意識，使我看見這些運作中的能量勢力的廣大層面。寶瓶時代和靛藍能量對我之所以具有如此魅力，其中一個原因是我將它視爲宇宙中的漣漪。它是一道宇宙的漣漪，前面有其他的，而後面的漣漪則還未到達。隨著我開始瞭解這個逐漸開展的更大整體，我也開始感知到魔法和奧秘、無邊的力量和潛能。

Q：當你明白這些巨大的力量與你有關時，你心裡有什麼感覺？有被嚇著嗎？

A：我喜歡這種感覺。舉個世俗一點的例子好了。玩風浪板是我的運動之一。我花了好幾年的時間在夏威夷玩風浪板，那裡的風、海水和浪都很棒。有時我會在離海灘好幾英哩遠的汪洋中應付這些巨浪和湧浪。我曾經被拋到像是我的風帆那麼高，大約有十五英呎。我總是有必須抉擇的時候，我可以選擇逃離或是跟上浪頭。如果我靠近一點，我就能追上海浪、駕馭它們，或是避開。沒有比抓住大自然的巨大力量並駕馭它更令人興奮的事了。有許多時刻我的恐懼十分強烈。有時我會逃開還划得老遠，但多數時候我喜歡這種感覺。

這就是我對宇宙能量的感受，它們是一段精采的旅程，很刺激，就像在「衝宇宙之浪」。我發現這是最刺激、最有趣的事情。我正目睹一波新的浪潮逼近，一波建立嶄新文明的浪潮。我看見在制度和政府方面，新的聯繫和溝通方式正在產生。這實在教人興奮，因爲你不是每天都能目睹一個行星文明的誕生。

對我而言，恐懼正慢慢退去，而令人興奮、引人關注的新事物就要降臨。能夠看見即將發生和即將出現的事情教人振奮。過去我沒有勇氣像我現在這樣說話。可是當你談論這些事情時，我竟然有股跟你一起加入的衝動。

太棒了。我喜歡聽到這麼說。

我想表達的是我們所有人的心聲。我有部份的工作是喚醒我沈睡中的朋友。我是這麼看的：有一波海浪要來了，而一整個靈魂群組將乘著它而來。我們基本上全都一樣，帶著同樣的能量和洞察力。然而投胎的過程好比顛簸地著陸。當靈魂快要抵達時，飛機會起起伏伏——我們許多人會被嚇著，有些人還會受傷和疼痛。這導致許多靛藍靈魂走進角落，保持沉默，變得茫茫然，或「陷入睡眠狀態」。有不少人受了傷，他們蜷縮在傷口上，或是無精打采還有些昏昏沉沉。

在某種意義上，你可以說我的蛤殼比別人早打開了幾分鐘。所以我的工作就是四處走動，敲敲你的蛤殼，邀請你打開它。有件事情很清楚：我們都必須爲自己走出蛤殼，以便完成今生的使命。建立新文明的工作必須靠我們所有的能量共同完成。因此讓每個靛藍靈魂都能認識自己，變得朝氣蓬勃、具影響力眞的非常重要。這就是我試圖去做的事情：刺激我的朋友，帶他們走出自己的蛤殼，然後攜手合作，發揮創造力，執行我們來到這裡的使命。

譯注：

1. 魯米（Mevlânâ Celâleddin Mehmed Rumi），1207-1273，伊斯蘭教蘇菲派神秘主義詩人，生活於十三世紀的波斯。他的作品大多以波斯語寫成，其中最重要的是詩集《瑪斯納維》。十九世紀時，其作品開始被引介至西方世界，有「最受美國人歡迎的詩人」之稱。2007年聯合國教科文組織宣布該年度為「國際魯米年」，以紀念他出生八百周年。

2. 泰戈爾（Rabindranath Tagore），1861-1941，印度詩人、哲學家、作家暨印度民族主義者。一九一二年以詩集《吉檀迦利》（*Gitanjali*）成為獲得諾貝爾文學獎的第一位亞洲人。

3. 惠特曼（Walter Whitman），1819-1892，美國詩人、散文家暨新聞工作者，是十九世紀美國文壇最偉大的詩人之一，最著名的詩集為《草葉集》（*Leaves of Grass*）。

第九章　大佈局

今晚是月圓之夜，而且是特別的月圓之夜。它叫做「衛塞節[1]」（Wesak Festival）或「衛塞滿月節」（Wesak Full Moon）。在西藏和印度，衛塞節被視爲主要的年度心靈慶典。西藏人流傳，兩千五百年前佛佗降世，證悟得道，並在這個天蠍座的月圓之夜涅盤。從那時起，祂的意識便持續擴展，並成爲支持地球的「靈性層級體系」（Spiritual Hierarchy）中最重要的成員之一。祂在這個階段的職責與我們的地球和太陽系有關，也與我們的太陽系和外頭更大的太陽系及能量聯繫方式有關。可以說，祂是各種宇宙實體之間能量連結的一部份。

在這個角色裡，祂與一般人的生活沒有多大關係。祂不以任何直接的方式與人類王國接觸。但在這個月圓之夜，在這一年一度的滿月來臨之際，身爲將神聖能量帶進地球的紐帶，祂會靠得離人類的意識界近一些。據聞每逢這個月圓之夜，五百名悟道者會齊聚在西藏山區，協助佛陀降臨地球。秘教學說的傳統聲稱，在今晚這個月圓之夜可以獲得的能量是一整年之中最強大的。

大佈局

由於今晚衛塞節的能量較強，我想就來談談引發出所謂「靛藍現象」的更大佈局好了。截至目前爲止，我們已經講過靛藍靈魂的生活細節。今晚我想探討更廣泛的脈絡，亦即靛藍靈魂到底爲何存在，以及你們在這裡該做些什麼。我們將從秘傳學說對宇宙的理解開始談起，然後在這個脈絡裡檢視靛藍靈魂。

這份資料是秘傳學說和形上學基礎的總和。其中有許多肯定不在我們一般的經驗範疇之內。它像是遠超過我們的心智一般所能感知的心靈神話或宇宙論。儘管我們先前提過這些，我還是要重複一次。與其相信或懷疑這些資料，倒不如讓我把它當成假說來解釋給你們聽。保持開放的心，看看它是否能引起你的共鳴。

秘傳學說的基礎在於有「一個偉大的生命」（One Great Life）或「一個神聖的存在」（One Divine Being），它的身體就是這個廣闊無垠的宇宙。這個「偉大的存在」或「偉大的生命」正在進化。這個我們稱爲「上帝」的存在正處於持續的進化和發展狀態。這個「存在」本身變得更有意識，而且正在發現並開展自己的天性和潛能。這個存在隨著「季節」或節奏而逐步展現自己，而且是由許多的能量型態所組成。

秘傳學說聲稱，我們所知的宇宙，是這個存在爲了滿足自身意圖而審慎創造的。

那些意圖被稱爲「神聖計畫」，或簡稱「計畫」。當我們談到「計畫」時，會儘可能讓各位瞭解這個創造出宇宙的「偉大智能」（Great Intelligence）有何意圖。

儘管這個存在是「單一生命」，本質上只是一個實體（或稱存在體、存有），它卻將自己區分成許多不同的存在體或生命。這就叫做「降位過程」（stepping down process），意思是這個單一生命如今成了自給自足的星系和星系群。當我們注視像銀河系這樣的星系，或透過望遠鏡欣賞這些美麗的螺旋星系時，它們被認爲是生命實體。它們是由「偉大的生命」意識降位而成的廣大意識。

那些實體／存在體由許多較小的實體組成，它們是星系中的星群。這些星群分散成個別的天體——天空中的每顆恆星都被視爲有生命的實體。而這些天體又降位成像我們的太陽系，而太陽系裡的每顆行星，都是我們稱作太陽的實體的內部細胞。這些行星也是生命實體。接著我們來看地球，它也是生命實體。我們將人類視爲我們稱作地球的實體的內部細胞。照這樣談下去，我們可以一路談到原子。原子同樣被視爲生命實體。

秘傳學說給我們的基本概念是，生命之間有廣泛的相互關聯。每個生命都是爲了顯化神聖目的而創造的，每個生命都體現了神性的某個層面。我們知道宇宙是由一個巨大的能量場所組成，它叫做「宇宙的以太場」。在這個場內，能量持續地移動和循環。你可以想像一下海洋。只有一座海洋。但在海洋中有能量流在移動。比方說，墨西哥灣流。我們假設有各式各樣的上帝之流或宇宙能量流在這些不同的生命之間流動和循環，在這些不同實體的周圍，存在著由小至大、由大至小的固定循環。

如果拿人體來類比，血液便是藉由靜脈和動脈而循環。血液會流向特定的器官或腺體，因此添加或改變血液中的某些成份。隨後那些改變將被帶往會對它作出反應的不同細胞，進行各自的轉變。接著，血液會再次接續這個永無休止的流動和改變過程。

當我們把這個類比擴大至宇宙，每個實體/存在體——無論大小——都會改變宇宙能量的某些部份。我們被這些能量餵養，而它們則構成我們生命的根本。當它們從自身的源頭改變時，也會影響和改變我們。我們，則反過來影響那股能量流並改變它。能量繼續經由我們進入宇宙的另一個層面，進入下一個器官、細胞或實體，如此才能有持續不斷的改變循環、進化中的能量頻率和意識。

地球在這個較大的佈局和計畫中只佔了非常小的部份。我們不過是其中很小很小的一個點或一粒塵埃。就宇宙時間和進化的觀點而言，我們在存在的進化等級上是非常年輕的。當我說「我們」時，我指的不只是你或我。我指的也是地球這個實體本身，而地球相當年輕。這個實體正在成長和學習。它按步就班地學習。此時此刻，這個實體正處於往下一個階段成長和進化的過程當中。

就如同人類會經歷各種不同的成長階段，這些行星和宇宙實體也會經歷各種不同的成長階段。在地球進化初期，當組成地球的原子和分子初次相遇時，地球最重要的進化階段之一便是形成礦物。秘傳學說認爲礦物是活的，而且礦物形成了地球上的第一個王國，亦即礦物界。礦物界帶有特定的地球頻率和能量，及其意識的某些層面。礦物界形成了地球進化的最底層或主要部份。它是其他所有王國賴以進化的根基，而我們自己的身體也是建立在這個基礎之上。

在這裡我要強調一點，因爲它超乎了我們正常的思考方式：礦物看起來像是沒有生命的石頭，明顯有別於活生生的植物或動物。但即使我們看不到礦物像植物或動物那樣移動，它也擁有特定的意識和特定的能量頻率，並且在它自己的等級上進化著、改變著。在它自己的層級，它也分享了這些構成宇宙的萬物之流——被它們改變，並且也轉而改變它們。

地球這個生命實體已形成超過數十億年，作爲其部份進化的展現，我們將它這部份的主體稱爲礦物界。一旦礦物界達到某個發展階段，地球便會採取由礦物界所引發的下一個階段。地球在進化中採取的第二個階段是植物界。

我想回頭提一下這點。我們大多認爲地球是個「物質球體」。但秘傳學說提及，物質地球是被一個宇宙實體／存有所棲息的「身體」。也就是說，有一個比我們更高等的「靈魂」投身成這個物質球體。就如同我們的肉體是靈魂所採用的形式，物質地球也是這個非常高等的靈魂所採用的形式。

這個實體不僅投身成地球的形式，在這個過程中，它還帶來許多由較小的生命所組成的大隊人馬以作爲支援。秘傳學說將這個主要實體命名爲「聖納・庫瑪拉[2]」（Sanat Kumara），而它的實體群組則通常被稱爲「靈性層級體系」。一開始，靈性層級體系源自於我們的太陽系之外，主要來源爲天狼星。漸漸地，隨著地球上各種不同靈魂的進化，它們有部份已經進入靈性層級體系，而體系中的其他成員則已精進到脫離地球的進化，走上宇宙中的另一條進化之路。

本質上，聖納・庫瑪拉和靈性層級體系從地球形成之初便一直在「擴展」地球。我們假定地球是宇宙實體的創造物。地球上各種生命的形成，這個我們稱之爲進化的過程，時至今日一直是較高智能根據「計畫」所控制和啓動，並且引導和雕塑的過程。這個觀點並不否定進化起因於物競天擇和基因重組的一般理解。那些力量也在運作。但除此之外，還有來自於生命內部的信息在塑造著進化所採取的方向。

如果我們觀察地球上的進化和曾經發生的各種發展，例如從礦物界進入植物界，這些都是體系產生巨大能量的時刻。這麼說好了，水需要熱能才會沸騰。這些時刻向來被稱爲「大趨勢」（Great Approaches）。在這些時刻，「偉大的生命」產生了進入地球球體的巨大力場，並與地球架構和地球四周的能量結構，以某種允許下一個進化階段發生的方式相互作用。

動物界和人類王國

「大趨勢」啓動了第二個進化階段，亦即植物界。接著，數百萬年後，另一個從植物界出現的「大趨勢」又創造出動物界。其後動物界歷經許多發展時期，直到人類生命受已變成猴子的動物流催化，才導致了第三次「大趨勢」的發生。當時爲了催化人類王國曾進行過許多實驗。並非所有的實驗都很成功。秘傳學說聲稱黑猩猩、一些其他的猴子和大猩猩，其實是促成人類王國和意識的下一個階段的早期實驗。

現在，隨著人類王國的發展，靈性層級體系也不再團結一致，這使得局面更複雜。這個體系本身是由許多來自不同源頭的存有流和靈魂流所組成，它們帶來許多不同的意圖，以及地球生命該如何發展的想法。我先前在一個稍有不同的脈絡下用過的比喻或許最為恰當，亦即大城市的主要車站。你有來自許多不同國家的列車進站。一輛列車來自某地，載來帶有特定振動、意識、特定信仰和態度的人。另一輛列車則是從另一地載來另一群帶有不同振動……等特質的人。有許多不同的存在體會在主要車站匯集。這些靈魂會下車，做一些事，也許逗留一下子或待上比較長的時間，然後再搭另一輛列車前往其他的地方。

秘傳學說的思想基礎在於，地球就像中央車站。宇宙中有許多來自不同方向、不同源頭的存在體和靈魂正抵達這個車站。地球早期的靈性層級體系混合了帶有不同意圖和想法的不同存有。你可以說「水變濁了」，因為最初的意圖和已被啟動的計畫，依據這許多存在及其目的而被推拉至不同的方向。不同的存在群組以不同種類的動、植物，在各個不同的大陸上參與不同的實驗。今天我們之所以見到這麼多不同類型、不同門（phylum）的生命實體，以及不同種族的人類，不只是因為演化適應，更是由於不同的神聖能量參與了進化之流的創造或形塑。

不僅進化之流互有差異，在體系層面上也有緊張和衝突。地球因宇宙裡不同存在和源頭而被分成充滿緊張和爭論的許多區域。因此當人類王國被創造時，正是許多「存在」參與「大趨勢」的時候，當時這些創造的源頭正處於緊張的時刻。

數百萬年逐漸過去，這些存在體和力量，與「正常」的進化過程齊力塑造、演化並精煉人類的肉體、神經系統，以及腦部、情緒系統和心智。這個載具的用途是爲了讓這些投身爲人的靈魂能藉此擁有較豐富的經驗。漸漸地，經過數百萬年的時間，人類系統已經越來越能讓靈魂的廣大意識透過它而運作。對靈魂經驗而言，曾經原始而受限的載具已經變得細緻而成熟，使靈魂得以在這個次元擁有更豐富的體驗，並使更多的靈魂意識能通過身體。

從人類的觀點來看，我們已經在進化旅程上走過漫漫長路。但從宇宙的觀點來看，人類載具仍舊十分年輕而原始。僅有少數靈魂能量和意識能通過它，透過它顯現。演化時間極其漫長。數百萬年不過是靈魂漫長生命中的幾個瞬間。因此靈魂所棲息的人類載具仍屬於「早期模型」，是一個未完成的產品。它不只未完成，從靈魂能量的觀點來看，它可以承載的能量也十分受限。而由宇宙時間的角度來看，我們才剛從地球的叢林和森林出現，才剛開始以兩腿直立、思考、發展心智而已。爲了在地球的叢林、森林和海洋中力求生存，這個載具在相當程度上仍必須被本能所駕馭。

人類載具不僅年輕又相對原始，而且還是由許多不同的能量流所組成。這些能量來自於產生「創造靈魂」（creating souls）的不同源頭。比方說，就像我在組裝一輛車，有些靈件來自日本，有些零件來自德國，有些零件來自俄羅斯，我則負責將它們組裝起來。人類形式被認爲是許多零件的彙整，這些零件建立在許多能量流之上，而且帶有相異的衝突能量和許多未經整合的不同力量。

儘管人類載具因爲有許多能量運作其中而稍嫌混亂，但它還是達到了發展的特殊時間點。由更大的佈局來看，作爲進化中的存有，地球已經發展出礦物、植物、動物、人類等四個進化階段。人類王國如今已抵達可以邁向下一個進化階段的時間點，這是爲了地球本身這個生命實體而踏出的下一步。我們假定地球正進化至它的下一個階段。

下一個階段指的是第五界或靈魂王國。它意味著一直是地球內在層面生命的許多靈魂，將可以投身爲人並首次「保有身爲靈魂的完整意識」。在此之前，當靈魂投胎至人類載具時，由於人類載具的限制，只有部份片斷的靈魂意識能被具體地表達。儘管靈魂是住在身體內部的蓬勃生命，但靈魂絕大部份的意識卻停留在身體、人格和心智之外，並與它分離。在很大程度上，這個身體／人格的「載具」主要是運作在「本能生物電腦程式」（instinctual-bio-computer programs）這個已於過去數百萬年間逐步建立的進化之上。

讓我用一個例子來解釋這點。你們多數人都有一般所謂的「靈性體驗」，例如：

意識較寬廣的片刻，或連結上「某種更高層次」的片刻。也許你將它稱爲你的高我、你的靈魂、上師或天使、你的指導靈或上帝。有那麼一會兒，你的意識被提昇至另一個層次，然後你又失去了它。當你處於那種意識之中，你會以不同的眼光看待世界，你會以不同的方式去感覺，而且可能會有不同的行爲舉止。你會變成一個和平日的你不太相同的人。

情況是，有那麼一瞬間你超越了人類載具受限的意識，觸及了靈魂層面和內在世界的更高意識。但基於許多我們待會兒將一一檢視的理由，你無法長時間與它保持充份的連結。於是你回到了一種比較平凡，而且必然比較辛苦的意識，它充滿了平時支配我們生活的情緒光譜和思緒，例如：恐懼、貪婪、不安、偏見、反應……等等。這其中有許多是我們進化的本能生物電腦程式。

此刻發生在地球和我們的進化上的是，人類載具已經發展至足夠的水平，當我們投身成人時，有更多完整的靈魂意識可以被呈現。這裡指的正是「第五界」，因爲一個全新的意識正在這個星球上顯化。這意味著新的能量、新的感知方式、新的能量狀態……等等。這是非常顯著的轉變，一個徹底的轉變。如果我們回顧地球的歷史，就知道地球已經發展過四個進化階段，如今它正進化到第五個。第五界正「透過」人類王國而誕生。過去，植物界建立在礦物界上。隨後動物界從植物界出現。然後人類王國從動物界出現。現在，靈魂王國則正要從人類王國出現。

這個跳躍是爲了作爲整體的地球而發生的，因此它是爲了全體人類。儘管有些個體——我們將這些人視爲曠世奇才或悟道者——總是能在具有肉身時保持靈魂意識，但他們是罕見的例外。絕大多數的人活在更受限、更出於本能的意識裡。現在地球正透過人類王國朝它的意識進化邁出大步。

這就叫做「行星啓動」。行星啓動是地球以整體之姿在意識上所採取的階段，是它在進化方面的量子跳躍。地球已經在進化上歷經四次啓動，而且每次啓動都產生了新的進化階段：礦物的、植物的、動物的和人類的，而現在它已經做好了第五次啓動的準備。

我先前提過，這次啓動是透過人類王國而發生。它意味著你和我。想想看，你的內部有巨大的進化正在發生。儘管我們往往認爲我們的靈性、我們的個人成長、我們的問題和挑戰是「我自己的」，但它們其實反映了這個龐大的運作過程。

這次啓動是透過「彩虹橋」的機制而發生，它是連結靈魂和身體／人格的光索。靈魂的完整意識位於距頭部約一英呎高的第八脈輪。你可以將它觀想爲頭部上方的明亮光球。當你注視新生兒時，會發現靈魂和人格之間的直接連結仍相對完整。這正是你在新生兒身上看見智慧的原因。你看見一個如此純淨的靈魂回望著你。然而很快地，由於三個因素——身體開始活動時自然開啓的本能、靈魂在出生後遇到的稠密振動，以及靈魂透過與他人和生活狀況互動而經歷的調適過程——彩虹橋變小了，靈魂的意識也縮減了。只有極少數的意識可以通過它，而且通過的主要是生命能量。

這條光索有兩大構成要素：生命之索和意識之索。在投胎轉世和成長的過程中，我們會「失去意識」，開始與身體／人格——心智、情緒、本能和經驗——認同，直到我們幾乎完全與靈魂意識失去連結。我們遺忘了身爲靈魂的自己，反而去跟身體／人格認同。這就叫做沉睡狀態。

但即便彩虹橋縮減了，我們的意識也睡著了，這條光索卻不曾消失。它可以被發展、被開啓，並藉此重新進入靈魂意識。每一條眞實的靈性道路最終就是這麼回事。它建立了與我們的靈魂和較高力量的連結，它建立了彩虹橋。

這個過程一直在少數人身上進行著。但並非多數人。想像當意識之索建立在數百萬人身上時會發生什麼事情。許多人會開始意識到靈魂的存在。他們會開始覺察到自己是非物質性的精神／能量存在體。

以圖像來解釋會很有幫助。想像這裡是地球，有人架了一座從頂輪通往頭部上方光球的橋。她建立了個人彩虹橋並和靈魂連結。現在有一道能量流從靈魂向下注入她的身體。它可以被視爲一道注入她的身體、然後從她的整個氣場向外發散的光芒。這裡有另一個人在做同樣的事，還有另一個，和另一個。許多人開始發亮。許多光束被建入內在世界，而經由那些光束，能量開始進入這個世界。如果你將地球觀想成一個整體，你會看見這些能量光束在各地上升，而且每個地方的人們都開始散發光芒。

行星的彩虹橋

在某個時間點，足夠的光束將被建立，行星的彩虹橋也將打造完成。這些小小的光束會交織成一塊更大的「布」——我們個人的彩虹橋將共同交織出行星的彩虹橋。爲了整體的地球，一個連結至靈魂的新層面已被建立。當這個連結完成時，「地球的靈魂」便能實現／具體化它的另一面向。這是「行星啓動」的時刻。這是自古以來許多神秘主義一再預言的重大覺醒時刻。

行星啓動只有在我們啓動個人與靈魂的連結時才會發生。當我們建立個人的彩虹橋時，我們就是在建立行星的彩虹橋。我們正在參與這個行星的覺醒和啓動。

有些事情看起來像是「我個人」的成長過程，但實際上不僅如此。如果我們能從較大的視野來看，就能明白我們每個人，身爲這個行星存有內部的個別細胞，正開始以不同的方式振動，而目的就是爲了提升並增加地球的振動。這也同時發生在我們稱作地球的存有其內部的所有細胞上。

就像春意自冬日乍現一般。第一支嫩芽冒出地表，接著是十支，千支，百萬支。許多的人類「細胞」正自頭頂長出光束的細絲，並與環繞地球的光的內在世界相連。在某個時間點，這些光束將達到一個關鍵的大規模。我們將會有足夠的光束和足夠的頻率，使偉大的能量得以開啓。

那就是行星啓動的時刻。那是地球的靈魂能以新方式出現的時刻。因此在很實際的層面來說，我們各自進行的內在工作，將對宇宙造成影響，而且會帶來某種極大規模的影響。這就是靛藍靈魂的眞相。你們是在新的能量出現之際投身爲人的靈魂。你們是能進化發展並建立彩虹橋的靈魂。透過你們，行星啓動得以發生。

問與答

Q：你提到彩虹橋。有意識地打造這座橋樑是個好點子嗎？

A：我越是投入內在修持，就越能領會有意識地打造這座橋樑是內在修持「最」重要的部份。其餘的一切——淨化人格、開啓脈輪……等等——只是造橋必備的部份基礎工程。這座橋樑主要是透過靜心而打造；它是個審愼而科學的過程。由於這座橋樑主要是透過靜心而建立，因此我相信靜心對許多人會變成一件重要的事。

還有第二種造橋方式：透過極高的思想或感覺層次開始進入靈魂的思想和感覺。這類思想或感覺可以總結爲「渴望」或「靈感」。當我們開始嘗試並感知較高的力量、智能和藍圖時，我們便是將能量流向上傳輸至彩虹橋，進而進入靈魂本身的思想和感覺層次。我想到你們其中有幾位是老師。你們向學生提出某種資料、誘發某種思考過程的方法，應該有助於建立彩虹橋。

愛的感覺也是提升我們的一種振動嗎？

沒錯。那是它的感覺層次。愛是打造這座橋樑的感覺層次。感覺和思想都能打造這座橋樑。

Q：你說我們是由各種不同的實體、宇宙勢力、內在層面和降位的事物等衝突力量所組成的，我想知道我感覺到的衝突是不是都起因於童年和前世，或者它們是在更大的層次上被創造的？

A：我的理解是，我們確實是由不同的能量流和實體所組成的，這正是我們內在衝突的根本原因。我們的肉體、情緒體和理智體是由不同實體所組成。

你的意思是理智體是一個實體，情緒體是另一個實體，而它們發生爭執？

沒錯。

那我是戰場囉？

是的，你搞懂了。秘傳學說提到的是，地球上這些不同實體和力量的匯集確實就是戰場。地球有點像是不同勢力的宇宙戰場。好人並不總是勝利。有些戰役和掙扎正發生在我們自己的心裡和身體。過去我經常聆聽基督教教義，可是當人們提到魔鬼，然後說出「喔！這個魔鬼」或「這是魔鬼要我這麼做的」之類的話時，我總是滾著眼珠子表示質疑。

可是當我開始瞭解秘傳學說時，關於這方面的嶄新洞察力便開啓了。「魔鬼」一字源自於梵文的提婆（deva）。提婆是非物質實體，它居住在其他的存在層面，卻滲進我們的層面。有些提婆明亮而輕盈，有些則黑暗而危險。有些還會透過某種情緒和思想模式而運作。如果你走進社會底層人士聚集的那種酒吧，或偶爾在火車站裡逗留，你可能會感覺到一些比較黑暗的靈體，而這些靈體已經侵入了那些窮困潦倒的人們的能量場。

你可能熟悉貝莉的「大祈願文」（the Great Invocation），她在文中提到：「願光和愛及力量封印惡人居住之門。」當我進入更深層的靜心和意識時，我開始覺察到我和其他人身上的那些惡人居所。我可以感覺到這些「受束縛的實體」，這是形容它們——那些被禁錮和束縛在門內，卻在我們體內眞實存活的力量——的最佳方式。我意識到某些時刻，當我疲倦、痛苦或心煩意亂時，這些實體會稍微從門縫裡擠出來。如果我受了傷、情緒化，或不假思索地反應，那麼它們在某些時刻還會斥責和咆哮。

Q：我覺得彩虹橋不只從我們這端建立，也從另一端建立，從靈魂次元朝下方的人格層面建立。我特別感覺到它有時會在夜裡發生。

A：在人類發展的早期階段，意識幾乎完全被下部中心的情緒和思想密度所遮蔽。人格端極少對靈魂產生渴望。彩虹橋的建立幾乎完全來自於試圖滲進人格的靈魂。你可能已經注意到其中的一種形式，亦即微妙的內在指引之聲。漸漸地，某種發展會在人格內部發生，而一種「向上延伸」的欲求或渴望，也會開始在不同的步驟和階段發生。接著，它會變成一種雙向的過程，你從人格端朝靈魂工作，而靈魂端則由上往下朝人格端工作。在某個時間點，當足夠的「連結」被建立時，將會有幾乎毫不間斷的能量溝通在其間往返。

Q：我被這個大佈局搞得有些不知所措！另一方面我也覺得欣喜。我覺得自己能夠親身參與是一件快樂的事。

A：可以說，它使我想起了我「擴展眼界」並開始看清事物的更大意義的時候。在過去，有時我會被一種自認微不足道的感覺給壓垮。這對我的自尊心來說帶有幾分毀滅性！我以前喜歡覺得自己很重要、很特別，那些讓我自我感覺良好的事。但在其他時候，我也有過完全相反的感覺。我覺得，「喔，我的人格不過是個模糊的影子。眞實的我是偉大而廣闊的——在這兒發生的可是一件大事呢！身爲這個廣闊宇宙的一份子是多麼地美好。我實在很高興『存有』創造了我！」

在我感覺這些的同時，我也感覺自己彷彿從初始便已存在。我覺得「我」這個實體是「存有」被創造時就產生的，我一直在這裡。我覺得我會在這裡直到最後，並逐步展現出越來越多的神性。

譯注：

1. 衛塞節（Wesak Festival）：佛教創始人釋迦牟尼佛降生、成道與涅槃的日子，指的是神聖的五月月圓之日。東南亞和南亞國家的佛教徒會在這一天舉行盛大的慶典，而斯里蘭卡、馬來西亞、緬甸、泰國、新加坡、越南更是將它列為國定假日。一九九九年底，衛塞節獲聯合國承認，國際正式名稱定為「聯合國衛塞節」（United Nations Day of Vesak）。Vesak是斯里蘭卡僧伽羅語，此節日在斯里蘭卡和馬來西亞被稱作Wesak。

2. 聖納・庫瑪拉（Sanat Kumara）：根據艾麗絲・貝莉所述，聖納・庫瑪拉是「靈性層級體系」的最高領導人，也是「淨光兄弟團」（Great White Brotherhood）的創始者，數千萬年來一直掌管著地球和人類的心靈進化。據說當光之靈對人類感到失望而打算毀滅地球時，來自金星的聖納・庫瑪拉自願前來地球引領眾生。如今他已返回金星並將工作交付給梅翠亞（Maitreya），亦即彌勒佛。

關於作者

卡比爾・賈菲（Kabir Jaffe）

卡比爾是美國人，過去三十五年來一直專注於內在修持。這其中有十八年是在印度的道場中與印度神秘主義者奧修共同生活，探索東方的神秘傳統和靜心。卡比爾是在人本與超個人心理學方面受過大量訓練的心理學家、占星學家，同時也是「本質訓練」（Essence Training）、「意識與內在科學國際大學」（International University of Consciousness and Inner Sciences）的創辦人。

卡比爾是一位意識科學家、一個有遠見的人，和一名未來主義者。他是人們在內在發展之路上的嚮導，也是訓練專業人士與他人共事的教練。他在能量和意識方面的工作是科學與靈性的獨特融合。他將尖端科技與古老的智慧學說，結合成一種活潑生動、以直接式經驗協助人們發現內在答案的教學方式，教導人們覺知生活的藝術與踏上廿一世紀的求道之路的技巧。

瑞塔瑪・黛維森（Ritama Davidson）

瑞塔瑪生於加勒比海荷屬安的列斯的庫拉索島（Curacao），並在歐洲度過了少女時期。她畢業於阿姆斯特丹戲劇學院，主修現代舞和編舞，曾經擔任專業舞者及編舞者。之後她前往紐約向日籍名師大橋（Ohashi）學習指壓，並自佛羅里達按摩學校畢業。她有十五年身體導向治療師的私人開業經驗。其後的學習包括在能量和脈輪工作方面的廣泛訓練，以及家族療法、內在聲音對話（Voice Dialogue）和心理劇等人本心理學導向療法。從一九七九年起她便一直專注於靜心和靈修。

瑞塔瑪和卡比爾過去十年來一直在南、北美洲和歐洲各地帶領團體。

附錄

你是靛藍靈魂嗎？

靛藍靈魂的一些共通特質

- 非常聰明，儘管他們可能沒有以「正常」的方式表達。
- 有創意，喜歡動手做。
- 需要弄清楚——老是問爲什麼，尤其是被要求去做某件事情時。
- 可能對學校裡的控制、反覆學習等情況有適應上的困難。
- 經常造反又抗拒權威，儘管他們可能不敢表達。
- 對於他們認爲破敗或無能的體制感到不適應，例如政治、教育、醫療和法律。
- 經常生氣，如果他們覺得自己的權力被剝奪。對於「被老大哥監看」，他們可能覺得既恐懼又憤怒。
- 感覺到一股強烈的欲望，想去做一些能改變和改善這個世界的事。他們所做的事情可能受到阻礙。許多人有困難確認他們的「道路」。
- 對傳統的美國夢——朝九晚五的工作、婚姻、平均生育2.5個小孩、住進有白色圍籬的房子等等——感到挫折或抗拒。

- 對政治疏離或憤怒——有一種你的意見沒價值，而結果其實也無關緊要的感覺。
- 可能感受到人類存在的沮喪、絕望和無助，而且可能爲「我何以在此？」的問題所苦。
- 對於世俗的、爲五斗米折腰的工作感到不開心，尤其是在階級制度的權威結構中。
- 比較喜歡分工合作、擔任領導職務，或單打獨鬥。
- 對他人深具同理心，但往往無法忍受愚蠢。
- 在情緒方面可能極度敏感，包括立刻嚎啕大哭（因沒有防備），或相反地不表現出任何情緒（充滿防備）。
- 在控制怒氣方面可能有些困難。
- 年紀輕輕就對通靈或靈性感興趣。
- 幾乎沒有身爲靛藍靈魂的榜樣可依循（如果有，也很少）。
- 有很強的直覺。
- 有隨興的行爲模式或心智風格（「注意力缺失症」的症狀），可能難以專注於被指派的工作，可能在談話當中頻頻改變話題。

- 可能有過通靈經驗，例如有預感、看見天使或鬼魂、有靈魂出體經驗、聽見聲音……等等。
- 可能會干擾電力，例如錶不走了、電子設備故障、燈光熄滅……等等。可能對電幅射（electrical radiations）感到不安。而且／或者可能沉溺於電力的振動（電腦、電視、手機）。
- 表現出旺盛的性慾，或可能因厭倦或感覺乏味而抗拒性行爲；可能會探索另類的性行爲。
- 可能對達成更高的靈性連結具有強烈的意圖。
- 尋找他們的生命意義並試圖瞭解這個世界。可能藉由宗教或靈修、心靈團體和靈性書籍、藥物實驗、性、互助團體和書本來尋求解答。

（取材自溫蒂・查普曼的網站）

Chapman, W. (2001). ‘Are You An Adult Indigo?’ from Metagifted Education Resource Organization website
http://www.metagifted.org/topics/metagifted/indigo/adultIndigos/areYouAnAdultIndigo.html

園丁後記

嗯……我想，不如來說靛藍靈魂**沒有**的一些特性。

這些特質多是天性，較少經由社會化而來，所以是容易區分的標準。

- 沒有道德勇氣和中心思想
- 欺善怕惡，藉勢藉端
- 喜拾人牙慧（缺乏創意）
- 喜自吹自擂，愛誇耀（有困難謙虛）
- 做事挑容易的做，有好處卻搶第一（有困難敬業）
- 喜歡名利超過服務與公益（有困難低調）
- 欠缺責任感或習慣卸責（有困難承擔責任）
- 不講理/跋扈霸道（有困難講理，有靛藍特質的人會任性但是講理）
- 行事做人雙重標準（有困難忠於原則）
- 不覺得說謊和誇大事實是不對的（有困難誠實或忠實的描述事情）
- 性好漁色（有困難尊重與平等看待異性）
- 小我**總是**戰勝大我（這裡的小我泛指自私、虛榮、妒忌、仇恨、偏見、虛偽……

等負面人性）

為什麼說這些，因為自《靈療‧奇蹟‧光行者》出版後，我發現那些喊光喊愛喊得最大聲的，往往就是不把誠實當一回事，為了名利光環可以自欺欺人的偽光行者。所以，如果「靛藍成人」又只成了他們用來貼在自己身上，滿足小我的特別標籤，我也不會訝異。但我可以提出一些很基本的辨識方向，讓剛接觸這類書籍的讀者參考。

這些偽光行者以提升身心靈的名義，把心靈事業當成唯錢是問的世俗商業模式經營，甚至還假借公益之名吸金。我也注意到不少喜歡高談靈修或寫這類文章的人，往往對新時代知識或訊息不求甚解，又愛推波助瀾造成錯誤認知或以訛傳訛。

就拿「高靈」來說吧，台灣一小撮居心不良或該說名利薰心的單位和人，濫用高靈乙詞簡直是到了一個無知的程度。我在網站的園丁筆記對以「高靈」名義收取高費解讀或傳訊，或做所謂靈魂療癒的事寫過一些感慨，（後來還有偽「高靈代言人」發展到限時限問題收費，真是離譜。）在此再強調一次，來自另個次元的真正高靈不會淪為人類金錢遊戲的工具，不要被新時代神棍給呼攏了，那些以光之名卻不負責的推廣「高靈」活動收取高費的單位╱人，某程度是使人們陷入更深的幻象，離自己內在靈性越來越遠。

在與內在神性合一的路上，請好好運用辨識力。這是黑暗偽裝成光明的時代，也是考驗辨識力與洞察力的時代。不要讓任何人用任何方式剝奪了你的內在力量，不要把仰賴外力變成了習慣。只有向內看才是最真實的。

最後，我想推薦兩本好書：《像設計大師一樣思考》（商周出版）和《設計的精神》（龍溪圖書）。這兩本書都是設計師談他們的理念與對生活的觀點，卻比市面上一些所謂身心靈書更具啓發性，而且還多了人性和真誠。從這兩本書介紹的人物中，我看到了靛藍靈魂的精神。

——園丁

宇宙花園 11
靛藍成人的地球手冊——給新世界的先行者
INDIGO ADULTS：FORERUNNERS OF THE NEW CIVILIZATION

作者：KABIR JAFFE and RITAMA DAVIDSON
譯者：詹采妮 編輯：張志華
出版者：宇宙花園
通訊地址：北市安和路1段11號4樓
e-mail：service@cosmicgarden.com.tw
網址： www.cosmicgarden.com.tw
總經銷：聯合發行股份有限公司　　電話：(02)2917-8022
印刷：鴻霖印刷傳媒股份有限公司
初版五刷：2017年1月　六刷：2021年7月　定價：NT$ 320元
ISBN：978-986-86018-0-2
INDIGO ADULTS：FORERUNNERS OF THE NEW CIVILIZATION by KABIR JAFFE and RITAMA DAVIDSON

國家圖書館出版品預行編目資料

靛藍成人的地球手冊：給新世界的先行者
卡比爾・賈菲（Kabir Jaffe）瑞塔瑪・戴維森
（Ritama Davidson）著；詹采妮譯.--初版
--臺北市：宇宙花園，2010〔01〕
面；　公分.　--（宇宙花園；11）
譯自：Indigo Adults : forerunners of the new civilization
ISBN 978-986-86018-0-2（平裝）
1. 靈魂 2. 靈修 3. 自我實現
175.9　　99001627